JN193249

知られざるシベリア抑留の悲劇

長勢了治 著

占《しゅむ》守《しゅ》島《とう》の戦士たちはどこへ連れていかれたのか

芙蓉書房出版

まえがき

マガダン市で日本兵の遺体発見の衝撃

今から四半世紀前の平成三（一九九一）年七月、ロシア極東のマガダン市で日本兵と見られる遺体六体が建設現場の凍土から発見された。

マガダン市とは、東京と旭川を直線で結び、そのまま左手に樺太（サハリン）、右手に千島列島を見ながらまっすぐオホーツク海を抜けて、ロシア大陸に突き当たったところにある港湾都市である。スターリン時代、このマガダン市よりさらに北方内陸部のコルィマ地方には世界有数の金鉱山が分布しており、金採掘のため送り込まれた囚人の大規模な収容所群があった。マガダン市は金塊と囚人の中継基地だった。

マガダン市で発掘された遺体の生々しい写真は現地ではもちろん、日本でも報道され、大きな衝撃を与えた。解剖のあとを示すように、遺骸はすべて頭蓋骨が半分に切り取られていた。

発掘されたのは一五体だったが、凍土のため比較的保存状態がよく、軍服や骨の形状などから六体は日本兵と判定された。その骸《むくろ》はあたかも「凍土に埋もれた俺たち日本兵のことを忘れないで」と訴えているかのようだった。マガダンで発見された日本人の遺骨は、この地で犠牲

マガダンで発見された日本人捕虜の遺骨（1991年）

になった多くの日本兵の一部だった。

同年八月には厚生省職員が調査のため現地入りして日本兵であることを確認し、さらに周辺の発掘で五体の日本兵の遺体が発見された。同省は翌平成四年八月、正式の発掘調査団を派遣して新たに七体を発掘して遺骨を持ち帰った。マガダン市で発見された日本人の遺体は一八体となった。

いかなる経緯《いきさつ》があってマガダンに日本兵が埋葬されていたのか。

占守島の戦い

すべては終戦後二日目に始まった。終戦後の昭和二〇（一九四五）年八月一七日深夜、ソ連軍は突如、北千島の占守島《しゅむしゅ》に侵攻してきたのだ。占守島の日本軍は「戦いは終わった」とすでに兵器の処分を始めていたときだったが、平和的進駐ではなく武力攻撃なのは明らかと判断、急遽自衛のための応戦を始めた。

両軍の激しい戦闘となったが、日本軍はソ連軍の侵攻を押し返しつつ、これ以上の継戦を防ぐため軍使を派遣して停戦に持ち込んだ。

占守島の戦いは日本側の戦史叢書によると、日本軍約六〇〇、ソ連軍約三〇〇〇の死傷者と記されている通り、日本軍の勝ち戦さだった。

占守島で戦った日本兵のその後

この最後の地上戦、それも敗戦後の地上戦、「占守島の戦い」は日本でもだいぶ知られるようになったが、占守島で戦った日本兵のその後については「シベリアに抑留された」のひと言で済まされてきた。

彼らは戦いのあとどこへ送られ、どのような生活を強いられたのか。

本書は、占守島の最前線で戦った村上大隊と竹下大隊を主体とした労働大隊四〇〇〇人が「トウキョウ・ダモイ(帰国)」「オタル・ダモイ」とだまされて、ソ連でも最悪の「地獄の収容所(ラーゲリ)」といわれたマガダンへ連行・抑留された真実を明らかにしようとするものである。

マガダン抑留はいわゆる「シベリア抑留」のひとコマである。戦後、スターリンは満洲、北朝鮮、樺太、千島のソ連軍支配地域で降伏した日本兵や民間人を、現地およびソ連モンゴルで長期にわたって抑留した。その数、約七〇万人に及び、飢餓・酷寒・重労働の「シベリア三重苦」で約一〇万人を死亡させた。この「シベリア抑留」は、まぎれもなくスターリンによる国際法違反の非道な国家犯罪である。

歴史に記憶する

マガダン抑留に関する資料は日本側には乏しい。それゆえ、今まで実態が分からないことが多かった。だが、ロシア側では研究が進み、二〇〇三(平成一五)年、画期的な写真文集『地獄の試練にさらされた人々』が刊行された。著者はマガダン在住の写真ジャーナリスト、セルゲイ・ハランスキーである。これは、コルィマ地方の数多くの収容所跡地を丹念に歩いて写真で記録しただけでなく、世界的に名高いわりには実相がほとんど知られていないコルィマの収容所を、具体的かつ詳細に明らかにした研究書でもある。そのなかに、マガダンに抑留された日本兵もしっかり記録されている。

本書では、抑留日本兵が書き残した切実な体験記と、ハランスキーの研究書などをもとに、日本兵が抑留されたマガダン、コルィマの収容所がいかなる場所であったか、日本兵がどのよう生き抜いたのかを客観的・全体的に明らかにしたい。

（文中、敬称は省略）

知られざるシベリア抑留の悲劇　目次

序章
❋囚人通訳シャーポシニコフと日本

囚人都市マガダン。一見、日本とは無関係に見えるマガダンに、じつは日本と縁《ゆかり》のある人物がいた。シャーポシニコフという囚人通訳である。

占守島第七大隊長だった山田四郎は、そのシャーポシニコフについてこう書いている。

　この男は非常に陰険な男で、自分は日本に行ったために刑をもらったのだから、日本人に復讐すると称して、どれほど彼のために四千名の日本人捕虜がいじめられたかわからない。彼は自ら、おれはラーゲル天皇だと称し、自分のいうことに一言でも逆らう奴は徹底的に処罰してやると高言していた。この男が私達の処罰に、大活躍をしたのである。

（山田四郎『黒い雪』）

山田が後に逮捕されて尋問されたときもシャーポシニコフが通訳で立ち会っていた。山田に限らず、シャーポシニコフは日本兵からはよく思われていなかったようである。
占守島海軍通信隊の主計下士官だった三上一次《いちじ》は、シャーポシニコフは単なる「有能なる通訳」ではなく、ソ連政治将校の手先と見られていたとも記している。この三上がのちに記した手記には思いがけない人物の名前が登場する。

シャプシニコフは、幼時、ロシア文学者・米川正夫？の養子として引きとられ、長じて東京・フランスミッション系・暁星中学二年まで進んだ頃、事情あってソ連に帰国したが、スパイ罪に問われ、一〇年の刑をうけて何処から回されて来たのか、マガダン・四キロ・ラーゲルに現れた時は生命がけで己れの点数獲得に努めていた。

（三上一次『１９４５～１９４９・マガダン』）

おそらく当人から直接聞いたものだろうが、おおむね正確な記述である。三上は、シャーポシニコフが「生命がけで己れの点数獲得に努め」なければならない立場だったことも正確に見抜いていた。
米川正夫（一八九一～一九六五）は高名なロシア文学者である。二葉亭四迷の影響を受けて東京外国語学校（現東京外国語大学）でロシア語を専攻し、卒業後はロシア文学の翻訳を手がけた。個人全訳の『トルストイ全集』（創元社）や『ドストエフスキー全集』（河出書房）を刊行するなど日本を代表するロシア文学者のひとりである。

ソ連の作家ピリニャーク

米川正夫の自伝『鈍・根・才』によると、シャーポシニコフとの接点となったのはソ連の作家、ボリス・ピリニャーク（一八九四～一九三八）だった。ピリニャークは今では日本でほとんど忘れられた作家だが、戦前には一〇冊近い翻訳書が刊行され、社会主義ソ連の花形的な同伴作家として知られた。

主な翻訳書を挙げると、『裸の年』（富士辰馬訳）、『彼等が生活の一年』（平岡雅英訳）、『イワン・ダ・マリヤ』（尾瀬敬止訳）、『ヴォルガはカスピ海に注ぐ』（外川曠訳）、『消されない月の話』（米川正夫訳）、『O・K』（原子林二郎訳）、『北極の記録』（米川正夫訳）、『日本印象記』（井田孝平、小島修一訳）、『ピリニャアク短篇集』（米川正夫訳）『機械と狼』（川端香男里、工藤正廣訳）などがある。

最後の一冊を除いて戦前の出版である。米川正夫の訳書が三冊含まれることからピリニャークとの親密さが窺われる。

ピリニャークは妻のオリガ・シチェルビノフスカヤとともに大正一五（一九二六）年三月に初来日している。当時は全ロシア作家同盟の議長であり、日本を公式訪問した最初のソ連の作家だった。来日中は昇曙夢《のぼるしょむ》や秋田雨雀、小山内薫、小川未明、田山花袋などと交流している。なかでも米川正夫とは、「私は彼をホテルに訪れたり、彼のために見物のガイドを勤めたり、講演の通訳をするうちに、すっかり意気投合して、親友づき合いになった」という間柄になる（米川正夫『鈍・根・才』）。年齢も一歳違いの同世代だった。

このとき、ピリニャークは米川にタイプ原稿を渡して翻訳を依頼している。

その『消されない月の話』は、同年四月にソ連の雑誌『ノーヴィ・ミル』に発表されたが、即日販売禁止になり、ピリニャークが当局のブラックリストに載せられるといういわくつきの作品だった。スターリンが革命の同志フルンゼ（一八八五〜一九二五）を殺した、という風聞をもとに書かれたものである。

フルンゼはキルギス生まれの革命家で、内戦時は司令官を務め、東部戦線で白軍のコルチャーク軍を破るなど内戦を赤軍勝利に導いた。トロツキーの後任として軍事人民委員に任ぜられ、スターリンのライバルとも目された人物である。

米川正夫の翻訳による『消されない月の話』が世界名作文庫として刊行されたのは、昭和七（一九三二）年のことである。奇しくもこの年の五月にピリニャークは二度目の来日を果たしている。

米川訳からあらすじを書くとこうである。

——軍の総指揮官ガヴリーロフ（フルンゼ）が軍用列車で街に戻ってくる。「この人の名は戦争と、軍隊指揮の勇気と、無限の豪胆と、堅忍不抜の伝説めいた物語によって」知られ、国民の英雄だった。最近、胃腸を痛めたが、二度の転地療養によって快癒していた。

街に戻ると、最高権力者である「背を決して丸くしない男」（スターリン）から呼び出され、「君は手術をしなくちゃならないんだ」と告げられる。ガヴリーロフは、「僕のかかりつけの医者たちは、手術なんかする必要はない、そのままで癒着するといったよ」と抵抗するが、「背を決して丸くしない男」は聞く耳を持たず「失敬だが、僕はもう命令を出してしまった」とにべもない。

「背を決して丸くしない男」から差し向けられた医師たちは、ろくに診察もしないで「手術を施す必要ある」と結論を出す。

ガヴリーロフは幼馴染のポポーフを訪ねたあと遺書をしたため、表には「死後開封するように」と書いた。

手術の日、なかなか眠りに落ちないガヴリーロフに多量のクロロホルムを注ぎかけたうえ、医者が開腹をしたところ「傷がもう癒着したこと」、すなわち「手術が無意味なこと」を示していた。だがガヴリーロフは容体が急変し、亡くなった。クロロホルム中毒による心臓麻痺を起していたのである。

死後開封した遺書には「僕は自分の死ぬことがわかっていた」と書かれていた。

こういう作品を書いた作家をただの体制同伴作家とはいえまい。事実、ピリニャークはソ連滞在中の米川正夫におのれの「反スターリン主義」をはっきり打ち明け、絶対秘密だが、自分は「前からトロツキー派で、彼のために金銭的な援助もしている」と語ったという。同伴作家に見せながら、ひそかなスターリン反対派だったのだ。

時の権力者スターリンが、容易にフルンゼ殺害を想起させる短編小説を許すはずがなかった。

ピリニャークは一九三七年一〇月に逮捕された。二度の訪日を口実に「日本のスパイ」の汚名を着せられたのである。一九三八年四月に死刑判決が下され、即日銃殺された。ソ連全土で赤色テロルが吹き荒れた大粛清の時代だった。

ピリニャークは一九五六年に名誉回復されている。

トーリャ少年

米川正夫は昭和二（一九二七）年一〇月、全ソ対外文化連絡協議会の招請で秋田雨雀や宮本百合子らとともにソ連を訪れている。ロシア革命一〇周年記念行事だった。

米川がピリニャーク宅を訪れたとき、彼の義理の姉が亡くなり、その夫も行方不明なので三人の子供を引き取って閉口しているという話を聞き、その三人の子供に会った。

> 一ばん下のトーリャという八つになる少年がじつに可愛い顔をしていて、利口で、人なつっこい性質なので、私はつい、この子を貰って日本へつれて帰ろうと、言いだした
>
> （米川正夫『鈍・根・才』）

思いつきで口にしただけだったのだが、思いがけずトーリャが日本に行くといい出したため翌年一月、一緒に帰国することになったという。このトーリャ少年こそ、のちに日本人捕虜がマガダンの収容所で出遭ったアナトーリー・シャーポシニコフその人だった。トーリャはアナ

トーリーの愛称である。

トーリャは日本名「米川亨《とうる》」として、米川の自宅のある西荻窪の桃井小学校を終えて、九段の暁星中学校に進んだ。亨《とうる》がトーリャにちなむ命名であることは明らかだろう。暁星中学校はカトリック修道会のマリア会が設立したフランス系カトリックの名門私立校である。暁星中学二年のとき、ソ連の祖母が死ぬ前にトーリャの顔を見たいと帰すようにいってきたうえ、ソ連大使館も介入してきたので米川はそれに応じたという。昭和一〇（一九三五）年、トーリャが一六歳のときだった。少年期におよそ八年間も日本の学校で学んだのだから日本語を自由にあやつれたのは当然だろう。

三上一次が記すところによると、シャーポシニコフは帰国後、モスクワ地下鉄工事の労働者として、また東洋大学の日本語教師として勤めていたが、昭和一二（一九三七）年に逮捕され、「長期に亙って外国に住み、外国の教育をうけた」という理由で一〇年の収容所送りが宣告された。叔父ピリニャーク逮捕のあおりを受けた弾圧であろう。当時、当人だけでなく家族もともに弾圧されるのはありふれたことだった。ソ連に帰国したトーリャは二、三度便りをよこしたあと音信不通となったと米川は記してい

左から米川正夫、トーリャ、ピリニャーク（1932年）
（米川正夫、『鈍・根・才』）

るが、トーリャの逮捕・投獄の事実と符合する。

マガダンの囚人通訳として抑留日本兵と会ったとき、シャーポシニコフは一〇年刑期の最後のころだった。

その後、昭和三五（一九六〇）年、米川正夫の晩年六九歳のときだ。三男の米川哲夫（ロシア文学者）はソ連に留学していたとき、モスクワの街頭でトーリャとまったく偶然に再会した。少年期の別離以来二五年の歳月を経ながら、瞬時に、しかも相互に相手を識別したというから奇跡的な出遭いというほかない。哲夫にとって、日本では六歳年上の頼もしい庇護者だった「亨」である。しかし、難しい時代だったから、トーリャの過去について詳しい話を聞くことはなかった。

これにより米川正夫との音信も復活するが、ついに再会することなく、正夫は五年後に他界した。元囚人トーリャも米川哲夫も日々の生活に追われたし、今と違って日ソ間の旅行もままならない時代だった。

幼くして両親を失い、日本へ渡り（八歳）、帰国して逮捕され（一八歳）、囚人通訳として日本人捕虜に接する（二六歳）という波乱に富んだ人生を歩んだアナトーリー・シャーポシニコフ。彼はいつ出所し、その後どのような生活を送ったのであろうか。もはや詳しいことはわからない。

山田四郎の回想ではひどい男として描かれているが、「日本のスパイ」として断罪されたシャーポシニコフにしてみれば、身を守るためには日本人捕虜の肩を持つことなどできなかっただろう。まして刑期の最後を務めていたから、当局からにらまれることは何としても避けなければならなかったに違いない。当時は再逮捕・再投獄が珍しくない暗黒の時代だったのである。彼は抑留日本兵に対して複雑な想いを抱いていたと見るべきだろう。

　歴史に翻弄されたシャーポシニコフは、皮肉にも文化果つるマガダンの地で、再び懐かしき日本人と交錯した。陰険なロシア人通訳「米川亭」と出会った日本兵たち。次章からは、彼ら日本兵の運命を、まず占守島の戦いを振り返ることからたどることにしよう。

第一章
❄昭和二〇年八月一七日深夜、ソ連軍、占守島に侵攻

本章では八月一五日の終戦後に、不当に始まったソ連軍の北千島侵攻と日本軍の自衛戦闘、その後の日本兵のマガダン抑留の始まりと民間人の抑留を簡略にお伝えしたい。またシベリア抑留とは何だったのか、ほとんど知らない読者にも理解しやすいように概略を記した。

1　最後の地上戦、占守島の戦い

ソ連の対日宣戦布告と武力占領

ソ連は戦争末期の昭和二〇年八月八日、日ソ中立条約を一方的に破棄して日本に宣戦布告し、八月九日午前零時、満洲と北朝鮮へ侵攻した。樺太には二日後の八月一一日から、北部国境方面にソ連軍が侵入した。日本軍はただちに各地で自衛のための戦闘に入った。

それだけではなく、ソ連が虎視眈々と「千島列島」と「北海道」も狙っていたことはすぐに

明らかとなる。

日本は八月一四日にポツダム宣言を受諾し、翌一五日には終戦の詔書を発布し降伏した。連合国は八月一五日、マッカーサーを連合国軍最高司令官に任命し、翌一六日には日本軍の戦闘行動停止を命令する命令第一号が発せられた。

大本営は一六日午後四時になって即時停戦命令を出したが、「但し停戦交渉成立に至る間敵の来攻に方《あた》りては止むを得ざる自衛の為の戦闘は之を妨げず」とした。満洲、北朝鮮、樺太ではまだソ連軍の激しい攻撃を受けていたから、これは戦闘継続を命じたも同然だった。

米英軍は日本のポツダム宣言受諾にともない一五日頃を機として攻撃を停止したが、ひとりソ連軍だけは違った。

ソ連軍は「八月一四日の天皇の声明は単に無条件降伏の一般的な声明にすぎない」として攻撃の手を緩めないどころか、何と終戦二日後の八月一七日深更には北千島の占守島へ侵攻したのである。ソ連は千島列島と北海道北部まで武力で完全に制圧することを狙っていたのだ。

千島列島は明治八（一八七五）年の樺太千島交換条約によって、南樺太は明治三八（一九〇五）年のポーツマス条約により、いずれも条約によって日本の領土となったところである。それをソ連は武力で奪ったのである。歯舞諸島と色丹島にいたってはもともと北海道の一部であって千島列島にすら属していない。

つい最近の平成二六（二〇一四）年のクリミア半島併合とウクライナ東部への軍事介入を見ても、ロシアが中共と同じように、今なお「力による現状変更」を信奉し実行する帝国主義的な国家であることは明らかであろう。

アッツ島玉砕、キスカ島奇跡の脱出

昭和一六（一九四二）年、緒戦の真珠湾攻撃を成功させ、米・英・蘭の植民地だった東南アジア諸国を破竹の勢いで占領した日本は、経済的に脆弱なイギリスを屈服させることを狙って、インド洋の制海権を得るべく西進作戦を翌年四月から実行した。これはドイツ軍の中東や北アフリカでの作戦との密接な連携を視野に入れた大きな戦略だった。

ところが、日本の西進作戦の継続を恐れたチャーチルの要望を受けて、ルーズベルトは陽動作戦としてドゥリトル空襲という奇策を実行した。昭和一七年四月一八日、米航空母艦ホーネットから飛び立った、米軍のドゥリットル中佐が率いるB25爆撃機の本土初空襲である。東京、神奈川、名古屋、神戸を空襲して中国大陸へ飛び去ったが、これに日本軍および日本政府は大きな衝撃を受けた。再度の日本空襲を防ぐには西進作戦を転換して太平洋へ向かう東進作戦を取るべきだ、とする海軍の主張が日本の戦略となった。これが大東亜戦争の敗北を招くひとつの転換点となった。

日本は方針転換により第二段階として、昭和一七年六月にミッドウェー作戦とアリューシャン作戦という東進作戦を発動した。

昭和一七年六月五日からの、そのミッドウェー作戦で大敗を喫した日本海軍は、以後、戦局の主導権を米軍に奪われることになった。

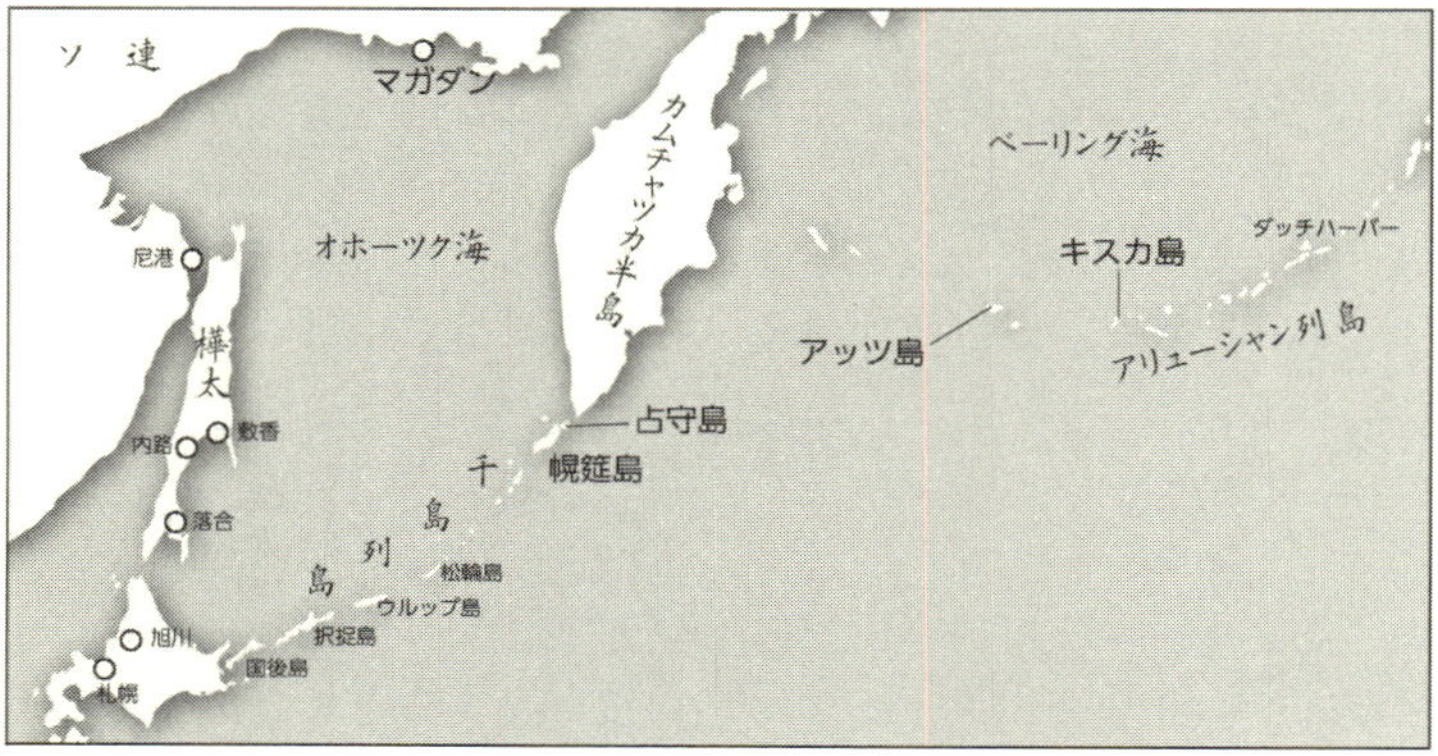

キスカ島、アッツ島、占守島、マガダンの位置

アリューシャン作戦のほうは、北太平洋での米ソの連携を遮断し、シベリアに米軍基地を設置させないことと、アリューシャン列島西部からの日本本土への空襲を防ぐのが目的である。同じ六月六日に陸軍がアッツ島を、六月七日に海軍がキスカ島を何の抵抗もなく占領した。アメリカにとっては今次大戦で初めての領土喪失だった。アッツ島は占守島から一〇〇〇キロ以上離れていたし、キスカ島はさらに三〇〇キロ先でアラスカ半島とのほぼ中間点にある僻遠の地だった。

アッツ島に上陸したのは、衣笠丸に乗船した旭川第七《しち》師団の穂積部隊約一一〇〇名だった。彼らは、アッツ島が守備に適していないとして、三ヵ月後の昭和一七年九月にはキスカ島に転進した。その結果、一時日本軍不在となったが、米軍がアッツ島上陸を窺っていると見た日本軍は、一〇月三〇日、占守島の北千島第八九要塞歩兵隊の二六五〇名をふたたびアッツ島に配備、アッツ島守備隊（山崎保代《やすよ》大佐）となった。

米軍の反撃は烈しさを増し、昭和一八年五月一二日、戦艦など三〇隻からなる部隊が艦砲射撃のあと、約一万一〇〇〇人がアッツ島に上陸してきた。山崎保代大佐率いる二六五〇名の守備隊は勇戦したものの、ついに五月二九日米軍陣地に突撃し玉砕した。

アッツ島玉砕で西部アリューシャン列島は完全に米軍の制海権、制空権の下に入りキスカ島は孤立したが、日本軍は昭和一八年八月一日までに巡洋艦など一一隻でキスカ島守備隊員五二〇〇名全員を幌筵《ぱらむしる》島に脱出させた。濃霧のなか、兵士が乗船するときだけ奇跡的に霧が晴れたのだという。

キスカ島から奇跡的に脱出して幌筵島に到着した穂積部隊の多くは、村上大隊（第二八二大隊）と竹下大隊（第二八三大隊）に配備され、ともに占守島の戦いを最前線で戦うことになる。その戦いを通じて多数の犠牲者を出したあげく、生き残った者がロシアの極北マガダンへ送られるという数奇な運命をたどった。竹下大隊の主計曹長だった川森正二は、「旭川↓アッツ島↓キスカ島↓占守島↓マガダン」と転変した日本兵の数を、およそ六〇〇名と記している（川森正二『遥かなる北方戦線　奇跡の生還劇』）。

これらアッツ島玉砕、キスカ島からの奇跡の撤退により、日本軍の北の護りの最前線は、北千島の占守島が担うことになった。

日本陸軍の最強師団、旭川第七《しち》師団

穂積部隊が属した旭川第七師団は最強師団との誉れ高い部隊だった。明治二五（一八九二）

年に旭川兵村に入植した四〇〇戸の屯田兵を中心にして、明治二九年に第七師団が編成された。最初、札幌にあった師団司令部も明治三三年には旭川に移され、以来、旭川は軍都として発展した。

第七師団は四つの歩兵連隊から構成されていた。第二五連隊だけが札幌で、第二六、第二七、第二八連隊は旭川にあった。

第七師団が活躍した主な戦闘を見てみよう。

◎日露戦争（一九〇四〜一九〇五）：旅順要塞攻略戦で戦局打開の切り札となる。第三軍に投入され、第三回総攻撃の松樹山攻防戦では白襷隊《しろだすき》三一〇〇名のうち約半数は第七師団の歩兵第二五連隊だった。白襷隊の死傷者は約二〇〇〇名。続く二〇三高地奪取でも第七師団が主力として戦い、死傷者六七〇〇名あまりを出した。

◎ノモンハン事変（一九三九）：主力の第二三師団に配属されてソ連軍機甲部隊と戦った。とりわけ歩兵第二六連隊（須見新一郎大佐）のガソリン瓶での抗戦ぶりは有名。一万あまりのうち死傷者三三五四名を出した。

◎ガダルカナル島の戦い（一九四二）：戦局打開の使命をおびて歩兵第二八連隊が、「ガ島」に投入された。連隊長一木清直《いちききよなお》大佐が率いる一木支隊二〇〇〇名は悪戦苦闘の末、ほぼ全滅した。

◎沖縄戦（一九四五）：歩兵第二四師団と独立速射砲第二二大隊は沖縄の第三二軍に編入されて玉砕した。そのうち第八九連隊の原隊は第七師団第二八連隊だった。沖縄戦の軍人の戦死者九万五〇〇〇人のうち、北海道人は一万八〇〇〇人で、沖縄人の二万八〇〇〇〇人に次いで多かった。沖縄では、本土の犠牲になったとの被害者意識が根強いが、北海道の部隊がともに戦い一万人以上が沖縄と祖国のために斃れたことを忘れてはならない。

そして、第七師団の苦難と栄光の歴史にアッツ島玉砕、キスカ島撤退、占守島の戦い、そしてマガダン抑留も確かに刻まれることになる。

北の護り、占守島

占守島は北緯五〇度に位置し、樺太の南北境界線と同緯度である。海洋性気候のため冬季の気温は北海道よりしのぎやすい。しかし、三月から八月まで海霧が発生し、湿度も九〇％以上と冷涼湿潤、年間を通じて強い偏西風が吹くなど生活環境としては大変厳しい。このように厳しい気候だからこそ、北国旭川の第七師団から派遣されたのである。

北の護りの最前線に立たされた占守島は、次第に米軍機による空襲と米艦隊からの艦砲射撃を受けるようになり、対米戦に備えて要塞化されていく。飛行場や兵舎を造営し、島を南北に貫く占守街道を開通させ、米軍上陸地点と想定された北端の竹田浜を南北から挟むように国端《こくたん》崎《ざき》（北側）と竹田崎・小泊崎《こどまりざき》（南側）に洞窟陣地がつくられた。

戦力増強のため満洲から戦車隊を投入することが決定され、関東軍戦車第一一連隊が昭和一九年四月に占守島に配備された。この戦車連隊が来たるべき占守島の戦いで重要な役割を果たすことになる。

もともと北千島には占守島と幌筵島を中心に、約四万三〇〇〇名の兵力が配備されていた。本土防衛にとって決してゆるがせにできなかったのが北千島だった。しかし、戦局の悪化につれ、昭和一九年から二〇年にかけて北海道を含む本土防衛のために、戦力が引き抜かれていく。その結果、昭和二〇年八月の段階では、陸軍第九一師団（堤不夾貴《ふさき》中将）の約二万三〇〇〇名、海軍部隊約一五〇〇名、計二万四五〇〇名と大幅に減っていた。

それでも北千島には、根こそぎ動員で補充した満洲の「張子の虎」部隊とは違って、まだ精強な部隊が残されていて、侵攻したソ連軍と対峙したのである。

この第九一師団は、樺太防衛に当たった第八八師団（峯木十一郎《といちろう》中将）とともに旭川第七師団に源流があった。第八八師団には第二五連隊が、第九一師団には第二六、第二七連隊が派遣されている。

第九一師団は札幌の第五方面軍（樋口季一郎《きいちろう》中将）に属していた。第九一師団の任務は、アリューシャン作戦を見れば明らかなように、あくまでも対アメリカ戦を想定していたのである。

トルーマンとスターリン

ところで、占守島の戦いにとって重要な背景は、トルーマン米大統領とスターリンの日本占領をめぐる駆け引きである。

終戦当日の八月一五日、トルーマン米大統領はスターリンに、マッカーサーに対する一般命令第一号を決裁したことを通告した。この命令第一号では、日本軍が連合国軍のどの司令官に降伏するかを規定していた。それによると「満洲、北緯三八度以北の朝鮮、樺太」の日本軍はソ連極東軍総司令官に降伏することになっていたのである。

これに対してスターリンは一六日、①ヤルタ協定に従って、ソ連軍に日本軍が降伏すべき地域にすべての千島（クリール）諸島を含めること、②ソ連軍に日本軍が降伏すべき地域に北海道の北半分（釧路と留萌を結ぶ線より北側）を含めること、を要求する回答をした（ヤルタ密約）。すなわち、八月一五日直後から、戦勝国による冷徹な分割占領の交渉が始まっていたのである。

しかし、スターリンが根拠としたヤルタ密約そのものは、戦後になって、当事国の米英政府により「法的な根拠に乏しく、拘束力を持たない」ルーズベルト大統領の私的約束と表明されており、すでにソ連（ロシア）の対日参戦と北方四島領有の正当性は失われている。

トルーマンは一八日にスターリンへ返答して、千島については同意するが、北海道の北半分の占領は拒否した。

スターリンはすぐには返答せず、四日間ぴたりと沈黙した。

スターリンの意図

先に述べたソ連軍の占守島侵攻は、まさしくスターリンとトルーマンが北海道北半分の占領をめぐってやり取りをしていた真最中に実行されたのだ。

ソ連軍司令部は、トルーマン大統領の意向を知らないまま、大急ぎで戦略の遂行に取りかかっていた。ワシレフスキー極東ソ連軍総司令官は八月一五日、プルカーエフ第二極東方面軍司

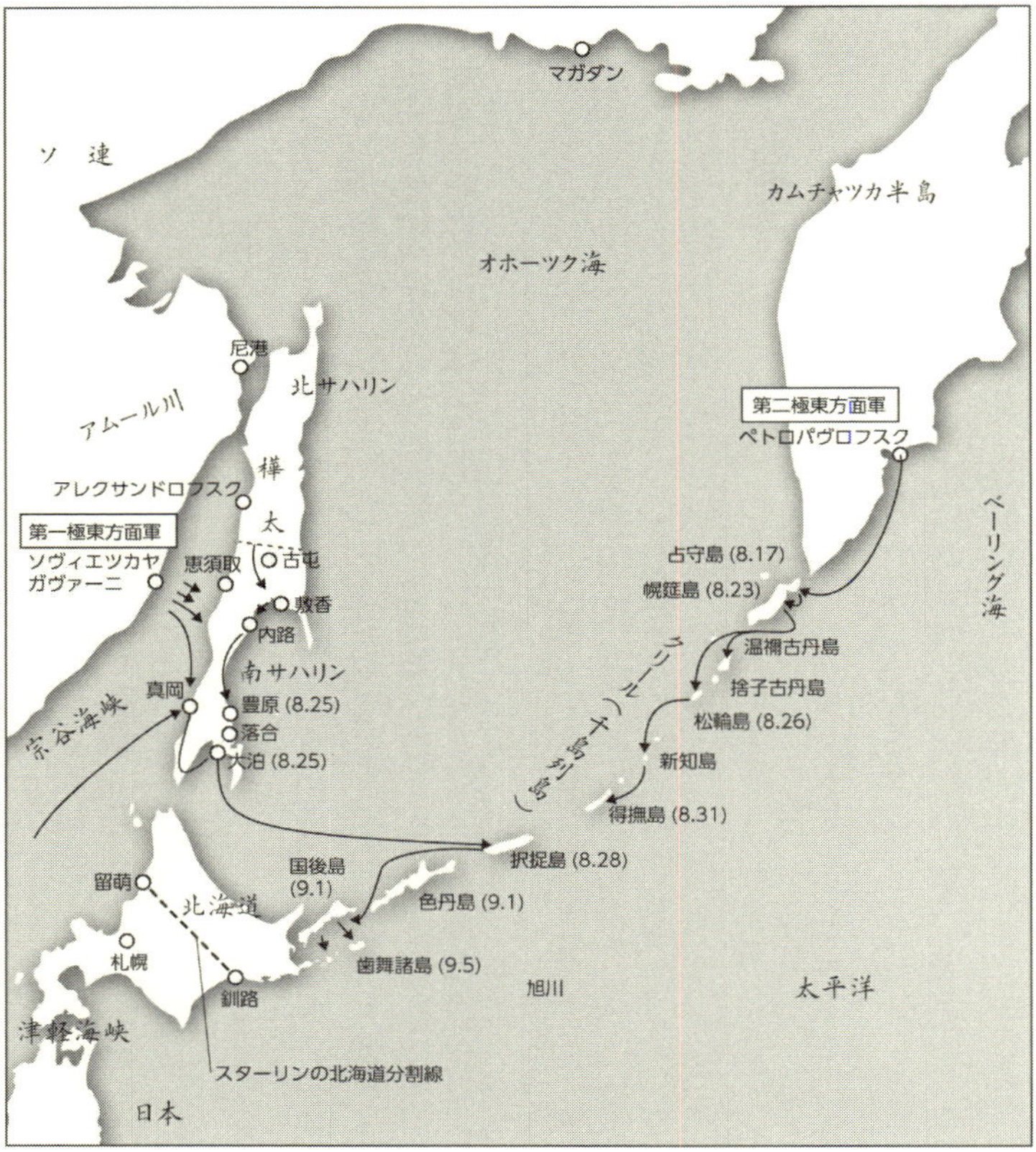

ソ連軍の樺太・千島への侵攻
（拙著『シベリア抑留』81頁の図を元に作成）

令官とユマシェフ太平洋艦隊司令官に対して、千島上陸作戦を命じる。目標は、カムチャツカの現有兵力によって北千島（占守島、幌筵島、阿頼度《あらいと》島、志林規《しりんき》島）を占領することである。

スターリンは太平洋への出入口を確保するために、北千島の占領が必要だと考えたのだ。米ソはポツダム会談の共同軍事会議で、北千島を除いた千島列島をアメリカの軍事行動範囲と認めていたのだが、現実にはソ連はアメリカの出方を窺いながら、北千島以南への軍事行動を進めていったのである。

つづいてスターリンはトルーマンに返答したのと同じ八月一六日、ワシレフスキー極東ソ連軍総司令官に北海道北半分と南千島を占領するよう指示した。敗戦の翌日、日本全体が放心状態にあった八月一六日のことである。

ワシレフスキー総司令官はこのスターリンの指示を受けて八月一九日、メレツコフ第一極東方面軍司令官とユマシェフ太平洋艦隊司令官に対して、九月一日までに北海道北部と南千島を占領するよう命じた。

一連のソ連の動きを見れば、スターリンが、日本のポツダム宣言受諾・降伏を契機に、南樺太方面と千島列島方面の二方向から、北海道北半分のすみやかな占領を目指したことは明らかであろう。北海道北半分を占領すれば、オホーツク海を完全にソ連の内海とすることができる。さらに占守海峡と宗谷海峡をわがものとして、北太平洋への出口を確保できるのだ。

北千島の上陸作戦はおおわらわで準備作業が行われた。八月一七日午前五時（日本時間午前二時）、上陸部隊はペトロパヴロフスク港を出港して占守島へ向かった。計画では占守島占領を、一日で完了する予定だった。総兵力は八八〇〇名。
対する日本の占守島守備隊はソ連軍とほぼ同じ八五〇〇名だった。

村上大隊の応戦

一方、第五方面軍司令官、樋口季一郎中将は終戦の詔勅を受けて、戦闘行動の停止期限を区切った。「一切の戦闘行動の停止、ただしやむを得ない自衛行動は妨げず、その完全徹底を一八日一六時とする」。第九一師団堤師団長に下達した命令である。

これが大本営の一六日の即時停戦命令を踏襲したものであることは明らかであるが、完全徹底の期限を一八日一六時と指定したのは、あくまでも終戦後の限定的な自衛の戦闘と考えたからであろう。

第九一師団の各部隊はすでに陣地構築作業を中止し、機密書類の焼却と兵器の処分を始めていた。戦争が終わった、と兵士たちが安堵感に包まれたのは自然であろう。

緊張と不安のうちにも笑顔が見えていたなか、カムチャツカ時間八月一八日午前二時三五分（日本時間八月一七日午後一一時三五分）、カムチャツカ半島の南端ロパトカ岬（占守島北端から約一三キロ）の砲台から突然砲撃が開始された。

そして約二時間後の午前四時二二分（日本時間午前一時二二分）、ソ連軍は艦砲射撃の支援のもと、上陸用舟艇から続々と上陸してきたのである。

上陸地点は占守島の北端にある国端崎（北側）と竹田崎・小泊崎（南側）に挟まれた、竹田

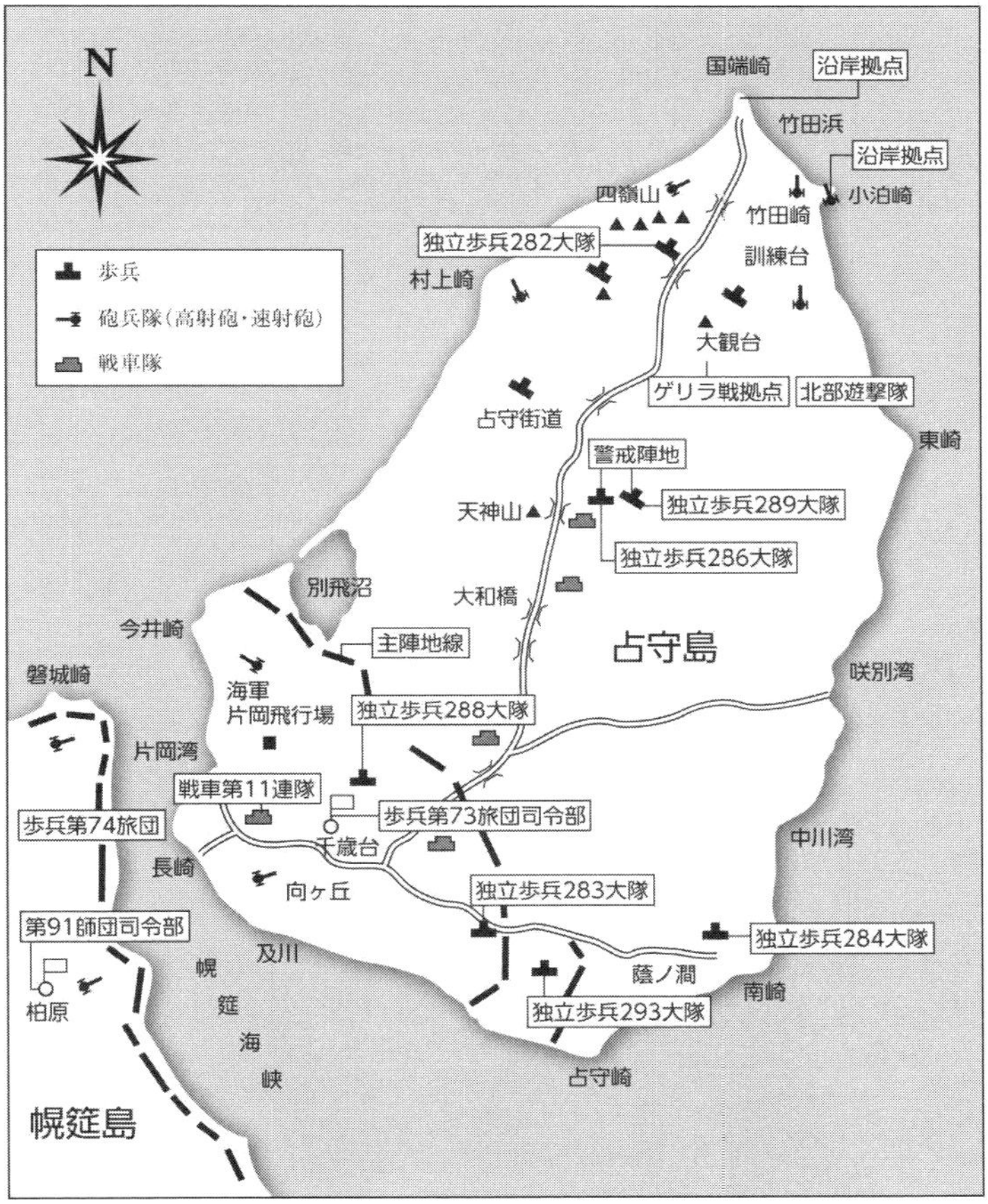

占守島における日本軍の配置
（上原卓『北海道を守った占守島の戦い』77頁の図をもとに作成）

浜である。

両方の岬の要塞（監視哨）には、第二八二大隊（村上大隊）の小隊各五〇名が配備されていた。大隊本部は南西の四嶺山《しれいざん》にあった。村上大隊長は現実に敵の上陸があるとは思っていなかったが、夜中の軍使もありえないことから射撃命令を出した。

報告を受けた第五方面軍司令官樋口中将は、上陸したのがソ連軍か米軍か不明なまま「断固、反撃に転じ、上陸軍を粉砕せよ」と命じた。すでに兵器の処分を始めていた各部隊は大急ぎで兵器を組み直し、戦闘態勢を整えなければならなかった。

ソ連軍先遣隊は国端崎と小泊崎から日本軍の砲撃、銃撃を受けながらも、午前五時（日本時間二時）ごろ竹田浜に上陸し、四嶺山方面と訓練台方面を目指して進撃した。上陸軍は次第に四嶺山の一角、男体山に迫った。

竹下大隊と戦車第一一連隊の反撃

占守島守備の総指揮をとる杉野巌第七三旅団長は、占守島南端の長崎湾に近い千歳台に布陣していた竹下大隊に出動を命じた。占守島南東の中川湾や蔭ノ澗《かげのま》方面に布陣していた部隊は、なお敵軍別働隊の上陸のおそれがあるので動かせなかったが、千歳台はそのおそれが少ないと判断したからだ。竹下大隊は一部を四嶺山方面へ、主力を訓練台方面へ向かわせた。

占守島は夏にはいつも霧が発生した。千島寒流と黒潮が交わるからである。断続する濃霧のなか、竹下大隊は訓練台付近でソ連軍と遭遇、激しい戦闘となった。大隊の主計曹長、川森正二はその時の様子をこう記している。

竹下大隊長以下、大隊本部要員、各中隊は池田戦車連隊段列の車両に搭乗、国端地区訓練台地域に急派する。大観台を過ぎ訓練台付近に到達、至近弾の炸裂激しく、車両より下車、戦闘態勢を整え前進する……稜線散兵壕内の敵に突撃を敢行、これを占領する。我が方もこの突撃で多数の戦死者、負傷者を出す。敵兵もかなりの遺体を残置して敗退する。

（川森正二『死線を越えた戦歴』）

訓練台を占領したあと停戦するも、一九日未明に敵兵の攻撃がありふたたび戦闘となる。竹下大隊長も重傷を負うなど死傷者を出しながらもソ連軍を押し返し、内陸への進撃を阻止した。

一八日午前二時半頃、占守島の南端に近い岩木台にあった戦車第一一連隊（池田末男大佐）に第九一師団司令部から命令が出された。「孤立した村上大隊を援軍するため国端崎方面に急進し、敵を撃滅すべし」というのである。連隊は中戦車、軽戦車あわせて六四両からなる精鋭である。池田連隊長はただちに出動を命じ、天神山方面に向かった。池田大佐は満洲の陸軍戦車学校で校長代理を務め、「戦車隊の神様」といわれたほどの軍人で、昭和二〇年一月に戦車第一一連隊長に着任していた。

四嶺山南麓に到着した池田連隊は六時五〇分、第一次攻撃を開始した。たちこめる濃霧のなか、三〇両を超える戦車とともに進軍する。その先頭には、日の丸の鉢巻きを締め、砲塔に立つ池田連隊長の雄姿があった。

対するソ連軍は戦車がなく、対戦車銃もまだ揚陸していなかったから、機関銃などで応戦するしかない。敵に大きな打撃を与えた池田連隊は、遅れて到着した戦車を含めおよそ四〇両で一時間後には第二次攻撃を開始した。敵軍は、今度は陸揚げした対戦車銃で応戦してきた。日本軍の戦車は装甲が薄かったため多くが対戦車銃で擱座した。

ちなみに、この戦車第一一連隊は十一を縦に書くと「士」の字に似ていることから「士魂部隊」と呼ばれたのだが、この士魂精神を受け継ぐべく、札幌の陸上自衛隊第一一旅団第一一戦車大隊は「士魂戦車大隊」と名乗り、戦車の車体に白く輝く「士魂」の文字をくっきり刻んでいる。

訓練台に進出していた竹下大隊や数田大隊なども戦車連隊を援護して銃砲撃を加え、一八日正午頃までにはソ連軍を竹田浜方面へ後退させた。

この時点で、戦車第一一連隊は、池田末男隊長以下九六名が戦死し、戦車二七両を失うなど非常に大きな損害を出していた。竹下大隊と村上大隊も九〇名、八五名の戦死者を出していたとされる（川森正一『死線を越えた戦歴』）。

一方、この頃には幌筵島の第七四旅団の主力も占守島に進出して、総力で戦う態勢を整えつつあった。

軍使の派遣と停戦交渉

烈しい戦闘が続くなか、一八日正午ころ第五方面軍樋口季一郎司令官からふたたび「一八日一六時に戦闘行動を停止する」との命令が届いたため、第九一師団堤師団長は積極戦闘を停止し、防御に転ずるよう命じた。一八日一四時ころには長嶋厚大尉らの軍使が派遣された。あくまで武力占領を目指すソ連軍は、満洲でも樺太でも白旗を掲げた日本軍の軍使を射殺した例があったから、まさに命がけの任務だった。

敵味方の銃弾が飛び交うなかの長島大尉の決死の交渉、杉野旅団長による停戦・武器引渡交渉などを経て、八月二二日に降伏文書の正式調印が行われ、二三日、二四日に武装解除された。

ボリス・スラヴィンスキーによれば、死傷者は日本軍一〇一八人に対してソ連軍は一・五倍の一五六七人だが、日本側の戦史叢書は日本軍約六〇〇、ソ連軍約三〇〇〇の死傷者としている。すなわち、終戦後二日経ってソ連が仕掛けた戦闘は、日ソ戦最大の犠牲者を出したソ連の「敗け戦」だったのだ。だからイズヴェスチア紙が「八月一九日はソ連人民の悲しみの日である」と報じたのである。スターリンの千島占領、ひいては北海道占領という野望は、準備不足と杜撰な作戦計画や兵力不足などで出鼻をくじかれたのであり、優勢な日本軍が停戦しなければ、ソ連軍はもっと大きな損害を出したに違いない。

千島列島と北方領土の占領

カムチャツカ防衛区とペトロパヴロフスク海軍根拠地のソ連軍部隊は、占守島《しゅむしゅ》と幌筵島《ぱらむしる》を武装解除したあと、日本軍将校を水先案内人として南下し、米軍がいないことを確認しながら三一日までに北部、中部千島を武装解除した。

一方、南千島は別の部隊が担当した。ソ連太平洋艦隊司令部は北太平洋艦隊に二六日に択捉《えとろふ》島と国後《くなしり》島への上陸を命じた。第八七狙撃兵団などが二八日に択捉島に、九月一日に国後島、色丹島に上陸し、九月五日までに歯舞《はぼまい》諸島を占領した。

かくて南千島（北方領土）は、ソ連によって不法に占拠されたのである。択捉島でも国後島でも、上陸したソ連軍が最初に「この島にアメリカ兵がいるか？」と訊いたことは、ソ連がアメリカ軍の動向を気にしながら南千島作戦を強行したことを裏づけていた。

南樺太での地上戦

北の護りとして、占守島と並んで地上戦があった南樺太の戦いについて、ごく簡単に触れておきたい。ソ連軍で樺太作戦を担当したのは、第二極東方面軍第一六軍と北太平洋艦隊である。八月一一日早朝、北部国境付近に駐留していたソ連軍は国境を越えて南下し、古屯《ことん》付近で日本の第一二五連隊と交戦した。同連隊は八方山陣地を守って激しく戦いソ連軍の南下を阻止した。

西海岸方面では、一六日に対岸のソヴィエツカヤ・ガヴァーニから塔路《とうろ》（レソゴルスク）に部隊を上陸させ、また二〇日には真岡《まおか》（ホルムスク）に上陸させた。真岡では市街地に艦砲射撃を加えた上で上陸し、一般住民を乱射して虐殺した。

こうしたソ連軍の攻撃に対して、第五方面軍はソ連軍の北海道侵攻を警戒して、第八八師団

（峯木十一郎中将、約二万人）に自衛戦闘を指示したため各所で激しい戦闘があった。

第五方面軍は二〇日になって停戦交渉を命令し、第八八師団は二二日に知取《しるとる》（マカーロフ）で停戦協定を結んだ。ソ連軍は二四日豊原（ユジノサハリンスク）、二五日に大泊（コルサコフ）を占領し樺太全土を制圧した。このように日本軍の強い抵抗により南樺太でソ連軍の進撃が遅らされたため、その後の同部隊による北海道上陸作戦に狂いが生じたのだといえよう。

南樺太では、戦いは八月一五日の終戦前に始まったものの、戦闘の多くは終戦後だった点で占守島の戦いと同じだった。軍民合わせて三四〇〇名あまりの犠牲者を出して地上戦は終結した。

北海道上陸作戦の中止

他方、ソ連軍は北海道上陸作戦について八月二三日までに準備完了、二四日に留萌港上陸の予定で進めていた。留萌港上陸作戦を偵察し援護するため、ウラジオストクのL型潜水艦二隻の出動が命じられた。

この潜水艦は八月二二日留萌沖で偵察中、樺太からの避難民を乗せた輸送船三船（小笠原丸、第二新興丸、泰東丸）を攻撃し沈没させた。およそ一七〇〇人の民間人が犠牲となる大惨事だった。北海道上陸作戦はその直後に中止されたのである。白旗を掲げた泰東丸に砲弾を撃ちこみ、無辜の民を殺害した潜水艦の乗組員は、ソ連では「英雄」扱いだったという。いうまでもなく国際法違反である。

八月一八日から八月二二日までの、スターリンの四日間の沈黙の裏には、占守島および南樺太での日本軍の敢闘、ソ連軍の苦戦があったのであり、このことがスターリンに北海道北半分占領を断念させた大きな要因だったと推定しても無理はないであろう。

占守島で戦った戦士たちが、「自分たちの戦いがソ連による北海道の分割占領を防いだ」とひそかに自負したのも当然なのである。

2　報復か、最強の日本兵四〇〇〇〇人を最北のマガダンへ強制連行

武装解除、そしてシベリアへ強制連行

武装解除された占守島の日本軍約一万四〇〇〇名は、ソ連軍によって一〇〇〇人単位の一六の労働大隊に編成された。労働大隊は戦場整理などの作業をしたあと、昭和二〇年一〇月から翌年一月にかけて逐次、船で輸送された。

ソ連軍が「トウキョウ・ダモイ（帰国）」とだまして送り込んだ先は、ソ連極東のマガダン、ムリー、スーチャン、アルチョム、ウラジオストク、ヴォロシーロフ、イマンの各収容地区、そしてカムチャツカのペトロパヴロフスク第五二五独立労働大隊（ＯＲＢ）、である。

幌筵島の約一万五〇〇名も、一〇の労働大隊に編成されてソ連極東のムリー、ナホトカ、ウラジオストク、ニコラエフスクの各収容地区へ送られた。

そのほか少数ながら、樺太の労働大隊へ送られたり、北千島に残留させられて作業に従事した部隊もあった。

厚生省の「収容所概況」によりまとめると、下表にあるように、ほとんどロシア極東に集中していることがわかる。

占守島の部隊ではマガダンへ送られた部隊が最も多かった。このマガダンは、数ある日本人捕虜の収容地区でも最北に位置していた。マガダンより北方の収容所に入れられた日本人はコルィマを始めノリリスク、ヴォルクタ、インターの囚人収容所の受刑者だけである。

将校大隊

例外的に、シベリアではなくウラル以西へ送られたのは将校大隊で、幌筵島で編成された将校大隊の五八一名は一一月

北千島の日本兵が抑留された収容地区と人数

収容地区	緯度	地区番号	州、地方	占守島	幌筵島	計
ムリー	50	1	ハバロフスク地方	994	2,000	2,994
ナホトカ	42	9	沿海地方		1,500	1,500
スーチャン	43	11	沿海地方	1,050		1,050
アルチョム	43	12	沿海地方	3,234		3,234
ウラジオストク	43	13	沿海地方	470	2,064	2,534
ヴォロシーロフ	44	14	沿海地方	1,897		1,897
イマン	45	15	沿海地方	200		200
ニコラエフスク	53	21	ハバロフスク地方		2,006	2,006
モルドヴィア	54	58	モルドヴァ自治共和国		581	581
ペトロパヴロフスク	53	525	カムチャツカ州	997		997
マガダン	59	855	マガダン州	4,000		4,000
作業大隊			樺太、北千島	1,000	2,500	3,500
計				13,842	10,651	24,493

出典:厚生省「収容所概況」昭和24年

にナホトカ、ウラジオストクを経由してロシア西部のモルドヴァ自治共和国ヤヴァスへ送られた。

ヤヴァスはソ連の主要な収容所のひとつであるテムニコフ収容所があるところで、モスクワの南東四九〇キロ、ナホトカから直線距離でも六二八〇キロ西にあった。幌筵島の第七四旅団司令部付将校だった長谷川吉郎によると、この大隊の将校は昭和二二年一月に、タムボフ州モルシャンスクの将校収容所へ転送されたが(長谷川吉茂編著『長谷川吉郎従軍記』)、兵卒としてヤヴァスまで同道した佐藤啓一はタガンログへ送られたという(佐藤啓一「平和を求めて」)。タガンログはモルシャンスクのさらに西方、黒海に接するアゾフ海の港湾都市である。ロシア文学愛好者なら、チェーホフの生地として知っている人もいるかもしれない。

一方、占守島の将校大隊八〇〇名は昭和二一年一月に大泊経由でナホトカへ送られ、ヴォロシーロフで一時作業をしたあと、同年三月にはラーダとエラブガの将校収容所へ移送された(十和田善作「日ソ交戦・抑留記」)。

マガダンへ送られた日本兵四〇〇〇人

マガダンは、占守島とはオホーツク海を挟んでほぼ真北に位置するロシア極東・極北の都市である(30頁の地図参照)。

ここへ送られたのはすべて占守島で編成された労働大隊で、占守第五、六、七、一六の四大隊だった。第五大隊は最前線で戦った村上大隊を主体とし、第六大隊は同じく最前線で戦った竹下大隊を主体としていた。第七大隊は野口大隊と高橋大隊がメインで、第一六大隊は海軍の通信隊と警備隊を中心としていた。

「東京ダモイ（帰国）」「小樽ダモイ」――。日本兵四〇〇〇名を乗せた貨物船イズミール号が、占守島の長崎港を出航したのは昭和二〇年一〇月一五日。北方の戦役を終え、帰国を切望していた日本兵の期待をあざわらうように船は一路北上を続け、一八日にロシア極東・極北マガダン市のナガエヴォ港に到着した。

日本兵は第一～第四収容所の四つの収容所に入れられた。

マガダンを実質的に支配していたのは後述する「ダーリストロイ（極北建設総局）」である。その第三代局長ニキショーフは、「日本人捕虜収容所部」の設置を命じた（昭和二〇年一〇月三一日）。部長には北東収容所副所長と兼務で、ボンダレンコ中佐を任命した。さらに翌月一五日、ここは「第八五五収容地区」と命名された。

じつはソ連の日本人用収容所はムリーの第一収容地区から始まって五〇〇番台まで番号が付けられているが、八〇〇番台というのはまったく異例である。またシベリアでは「収容地区―支部―分所」という三層構造になっており、それぞれに番号が付されるのが普通だが、マガダンは違ったらしい。

マガダン抑留者の体験記を読むかぎり「第八五五収容地区第一～四収容所」という組織体制すらあまり意識されていなかったらしい。第二収容所では「××キロ地点」、第三収容所ではそれぞれ地名で呼ぶ方が普通だったようだ。マガダンの収容所の管理体制は他のシベリアとは少し違っていたのである。本書ではわかりやすく「第八五五収容地区第一～第四収容所」を基本にして述べることにする。

ナガエヴォ港に到着して初めて、日本兵はソ連の札つきの囚人ですら怖れる「死のマガダン」「地獄のコルィマ」へ送り込まれたことを知ったのだった。それまではマガダンも、コルィマも聞いたことがなかったのだから、非常な不安と恐怖に襲われたのは当然である。

このマガダンへ送られた日本の将兵は、ソ連軍と最前線で戦った部隊が主体だったので「占守島でソ連軍に大きな損害を与えた報復として最も厳しいマガダンへ送られた」と感じたのも無理はなかった。

果たしてそうだったのか？

この問いに答える前に、シベリア抑留とは何だったのか、を概観しておきたい。

3　シベリア抑留とは何だったのか

満洲の惨劇

ここで、八月九日のソ連軍侵攻後の満洲、北朝鮮、樺太における暴虐の一端を記しておきたい。時代はすでに違うが、現代においてもひとたび有事となったときに、武力を持たない民間人がいかに危険な状況に陥るかを歴史が教えてくれるからである。

ソ連兵による暴行、掠奪、強姦が横行し、日本人居留民を非常な恐怖に陥れた。若槻泰雄は『戦後引揚げの記録』で、満洲におけるソ連兵の行状をつぎのように描いている。

兵器を持ったソ連兵は群れをなして各家庭や会社の事務所に押し入った。そして、手当たり次第、金めのもの——時計、貴重品、衣類などを略奪する。そして撫順など極めて少数の例外はあるが、婦人とみれば老若を問わず婦女暴行を働いた。抵抗するもの、あるいは、これを阻止しようとするものは容赦なく射殺する。窓を閉じ、扉に鍵をしめ、更には入口を釘で打ちつけていても無駄である。軍隊が本気で民家に侵入しようとするならば、そんな程度のものを打ちこわすのはいとも簡単であろう。家屋は無残にたたきこわされるだけだ。しかもこの行動は「夜陰に乗じて」というわけではない。ソ連兵の略奪は〝盗む〟とか〝奪う〟というような段階ではなく、トラックを横付けにし「それはまるで運送屋のように、だれはばかることなく、せっせと運んだ」と表現している体験記や、「何年もたった後でも、夜中エンジンの音を耳にするとぞっとすることがあったくらいだ」という記述もある。こうして独ソ戦以来の歴戦に、靴もろくにはいていないようなドロドロの軍隊は、二〜三日のうちに、日本人からの略奪品で見違えるような服装に変わったのである。

スターリンは、独ソ戦におよそ百万人もの囚人を戦場に送り込んだとされ、その一部が満洲にも出動されたのである。

ソ連軍は邦人の時計や万年筆などの私物を個人的または集団的に掠奪しただけではなかった。満洲の重要な産業施設や物資を「戦利品」として大量に撤去し、ソ連領内に移送した。国家による掠奪といっていい。

スターリンの極秘指令九八九八号

掠奪は物資だけではなかった。彼らは、「人間」をも拉致・連行した。

スターリンが出した八月二三日付の「極秘指令九八九八号」には、日本軍の捕虜五〇万人をソ連に移送せよとある。ソ連は、戦利品と解体撤去した工場設備を国内へ移送することを優先していたので、捕虜の移送は九月から一二月にかけて徒歩・列車・船で行われた。

ソ連軍は満洲・樺太・千島・北朝鮮で降伏し武装解除された軍人と、一部民間人を集結地に集め、まず軍組織を解体して一〇〇〇人ないし一五〇〇人の労働大隊を新たに編成した。強固な絆で結ばれた軍隊組織をバラバラにして抵抗を防ぎ、管理しやすくするためである。

この労働大隊をソ連とモンゴルに送りこんだ。ソ連の移送先は主に極東とシベリアと中央アジアであるが、西はウクライナ、東はカムチャツカ、北は北極圏、南はウズベキスタンまで全国二〇〇〇ヵ所以上といわれる収容所に散らばっていた。これがシベリア抑留である。地域的には「ソ連モンゴル抑留」と呼ぶのにふさわしい広がりがあった。

最終的に何人の日本兵と民間人がソ連とモンゴルに抑留され、そのうち何人が死亡したか、まだ確定できない。ソ連側と日本側の諸資料を総合すると、七〇万人以上が現地およびソ連モンゴルに抑留され、およそ一〇万人が死亡したと推定される。

死亡者については単にその数が多かっただけではなく、死者を冒瀆するような乱暴な屍体の扱いや、粗末でかつ放置された墓地も大きな問題だった。

ソ連がなぜこれほど大量の日本人を抑留したのか、もまだ確定的なことはいえない。

ただ確かなことは、戦争で約二五〇〇万人という膨大な犠牲者を出し、国土が荒廃したソ連が、国民経済復興のために咽喉から手が出るほど若い男性の労働力を必要としていたことである。スターリンは、すでにヤルタ協定を根拠にしてドイツ軍捕虜をソ連に連行して使役し、捕虜は使えると味をしめていたから、日本兵をソ連に連行することも当然と考えたであろう。

「ダモイ（帰国）」の嘘と苛酷な移送

ソ連モンゴルへの移送は貨車輸送と徒歩が多かった。戦利品輸送によって貨車不足になっていたから、歩かせたのである。北朝鮮と樺太・千島からはソ連本土まで船で輸送された。黒河からブラゴヴェシチェンスクへも主に船で渡った。

敗戦後の日本人の虚脱と不安につけこむように囁かれる「トウキョウ・ダモイ（帰国）」の嘘。日本兵の逃亡や反抗の意思を挫くためだった。早い帰国を念願していた日本兵は、この嘘に手もなくだまされた。しかし、ことあるごとに吐かれるダモイの嘘はソ連に対する決定的な不信感を日本人に植えつけることになった。

「ダモイ」なら東へ向かっているはずなのに、夕日が沈む彼方へ列車はひた走る。その口惜しさと絶望は想像するにあまりある。シベリアへ連行されるとわかった段階で列車から飛び降りて逃亡する者が出た。脱走者は見つけられると容赦なく射殺された。脱走以外にも移送中の列車内で死亡したり、雪中の徒歩行軍中に倒れる者が続出した。移送中の犠牲者は数千人から数万人ともいわれる。

新京から貨車で黒河へ移送された伊藤真正によると、二段に仕切られワラを敷いた八〇トン車に一二〇名ずつ押し込められた。昭和二〇年一〇月九日のことである。ブラゴヴェシチェンスクを出発するときに、ウラジオストクへ行くとだまされたのだ。一〇月二五日ころウズベク共和国に到着したが、苦難の列車行を次のように伝えている。

輸送中はあまり食糧をくれず水と塩で苦しかったので、日本軍人数十名が身体衰弱して死亡した。死亡者は、汽車が川の上を通るとき、日本兵の死体を投げ水葬。［僧侶の］私は小さな声で教義を上げ、供養した。

（伊藤真正「一代記」『シベリア強制抑留者が語り継ぐ労苦』7）

弔われることもなく、投げ捨てられた日本人の遺体。ソ連による非人道的な死体遺棄の事実である。このように劣悪な長期の貨車輸送により、栄養失調と衰弱により車内で死亡した例は少なくなく、しかも死者は車外に放置または投棄されたとの悲惨な記録はいくつも残されている。

シベリア鉄道支線のカザン鉄道キズネール駅から、エラブガ収容所まで八〇キロの「死の雪中行軍」は有名である。大量の凍傷患者を出して手足の一部を切断するという惨事を引き起こしたからである。

川上浪治の回想記によれば、北朝鮮の興南からポシェトへ船で移送され、ここに一ヵ月ほどいて一二月初めにシベリア鉄道で出発、一二月二八日にキズネールに着いた。すでにマイナス三〇度を下回る酷寒期である。防寒着を着てリュックを背負い、軍刀を下げて雪中の行軍が始まった。

一ヵ月近く座ったきりで足が弱っているのに三晩四日の強行軍だった。エラブガ収容所に着いてみると、重軽傷合わせて二〇〇数十名にのぼる凍傷患者を出した。元の状態に治った人もいたが、多くはやむなく手足の指を切断されたという（川上浪治『エラブガ物語』）。

こうした悲惨な移送は、そのあとの収容所での悲惨な生活を予告するものでもあった。

ソ連の管理体制、収容所管理総局（グラーグ）と捕虜抑留者管理総局（グプヴィ）

ソ連は第二次世界大戦が始まると、内務人民委員部（内務省）に囚人を管理する「収容所管理総局（グラーグ）」とは別に、「捕虜抑留者管理総局（グプヴィ）」をつくった。ドイツなどの外国人捕虜・抑留者はここが管理した。

捕虜は、普通は陸軍省が管理する国が多いのに対して、ソ連は内務省という弾圧機関が担当したことが際立った特徴である。内務省が担当することで、捕虜も限りなく囚人に近い待遇を受けることになった。端的にいって、囚人収容所と同じく有刺鉄線で囲われ、機関銃を構えた警備兵が二四時間立哨する収容所に監禁されたのである。

ソ連へ送られた日本人も、この捕虜抑留者管理総局の管理下に置かれた。

捕虜抑留者管理総局は独裁者スターリンが死亡した直後の昭和二八年五月、業務は内務省監獄局に移管され、一四年足らずでその歴史を閉じることになる。

シベリア三重苦（酷寒、飢餓、重労働）

収容所はソ連全土に分散していたため、その環境は一概にはいえない。地域や収容所によって待遇面でかなりの差があったのは事実だ。しかし抑留者はおおむね酷寒・飢餓・重労働のいわゆる「シベリア三重苦」で表される苛酷な生活を強いられた。

飢餓

抑留者は食料では筆舌に尽くしがたい思いをした。どの収容所でも食料がひどく不足していた。慢性的な飢餓状態は多くの人を栄養失調にさせた。背景には戦争によるソ連国土の荒廃や飢饉があった。ソ連国民自身が飢えていたのである。

その上に（それゆえに）収容所では職員による食料の横領が横行していたし、日本人の中でも旧軍組織の幹部将校がピンハネしたところもあり、兵卒はますます苦境に陥った。とりわけ抑留初期はそれがはなはだしかった。

ソ連にも一応、給食の基準はあった。昭和二〇年九月二八日の内務人民委員部命令で捕虜用の四つの基準（兵・下士官用、入院患者用、将官用、将校用）が定められた。日本陸軍の基本定量と較べると、全般に少ないとはいえ、ソ連の基準通りに支給されていれば、栄養失調でバタバタ斃れることはなかったに違いない。問題は、基準をはるかに下回る量しか供給されなかったことである。初期においては大まかにいって基準の半分以下だった。

さらに作業能率給食制（ノルマ給食制）が導入され、生産ノルマの達成度によって食料が増減されるようになった。「働かざる者、食うべからず」という思想からきた弊害の多い制度だったが、詳しくは第三章で述べる。

最も苛酷な収容所のひとつ、クラスノヤルスク第三四収容地区ミハイロフスキーの「飢餓世界」は次のようだった。

朝と昼は、飯盒半分の「粟粥」。夜は脚気防止のためという「松葉汁」。そして夜は八時ごろ、二〇〇グラムくらいの一片の「黒パン」という状態であった。このような食料状態が、［昭和二十年］十一月から翌年二月までの四ヵ月間続いたのである…

補食や間食の世界からまったく見離され、おそらくそのカロリーは五〇〇以下と思われる食糧と恐ろしい厳寒との両挟みのなかで「伐採」という重労働を課せられたわれわれは、すべて栄養失調で下痢の症状を誘発し、もがけばもがくほど活力を失い痩せ衰えていった。私は「骸骨か幽霊が歩いているようだ」と言われた…。

（土肥忠男「凍原が知る！！」『捕虜体験記』Ⅶ）

骨と皮ばかりのドハジャーガ（極めつきの栄養失調者）ともなれば死を待つだけだった。いわば「餓死」である。かくて収容所では、少ない食料をめぐる「餓鬼道」ともいうべき生き地獄が出現した。食糧事情が少しずつ改善されるのは昭和二一年夏以降であるが、それでもひもじさが解消されたわけではない。

重労働、奴隷労働

ソ連が日本人捕虜を抑留した最大の狙いは、戦争で破壊された国民経済の復興のための労働力だったから、とにかく働かせようとした。貧弱な食料で、つまりは食わせずしてノルマだけは強要したのだ。

ソ連には共産主義独特の「ノルマ制」があった。ノルマは作業の種類ごとに一人一日の基準作業量を細かく規定していた。ソ連では、職場や企業が自主的にノルマを決めるのではなく、国家が集権的に産業ごと、企業ごとに定めて下へ指示した。これは自由人労働者向けのものだが、捕虜や囚人にも同じく適用された。

ノルマで問題になるのは第一に、体力の優るロシア人のノルマをそのまま日本人に適用したことである。もともと熟練度に大きな差があったし、日本人はただでさえ体力が劣るうえに一ヵ月前後の長い移送中からして衰弱していた。第二に、労働能力一級と判定された日本人同士で体力の差はあってもすべて一律に適用されたことである。ソ連のノルマ制度は個人の能力（熟練度）と体力の違いを無視し、平等を装った悪平等の制度だった。

ソ連のノルマ制の大きな特徴のひとつは、「多少とも技術的な作業のノルマは低く、単純作業は高い」という明らかな傾向をもつことだった。だから旋盤工などは軽々と二〇〇％達成する一方で、伐採作業では必死に働いても五〇％も達成できないといった矛盾が至るところで見られた。どのような作業を命じられるかは、抑留者にとって死活の問題だった。

抑留者はあらゆる種類の労働を強いられたが、森林伐採、鉱山労働、貨車への貨物の積み降ろしが三大重労働だった。

八時間労働が基本だったが、ノルマが達成できなければ超過労働をさせられた。安全対策がおろそかなので作業中の事故も多く、インワリード（労働廃疾者）になったり、死亡したりした。

賃金の支払いはノルマの一〇〇％遂行または超過遂行が条件だった。しかし、当初はまったく支払われず、昭和二一年の夏ごろから一部の技能労働者に支払われた。一般労働者には昭和二三年頃から少額が支払われた。

これは、ソ連は国際法に違反して、賃金から「給養費」を控除したことが大きな要因だった。この給養費には食費などの捕虜自身の給養費だけでなく、収容所職員の給与など収容所維持費が加算され、当初は二〇〇ルーブルと設定された。

一九二九年のジュネーヴ条約では第四条で抑留国の捕虜給養義務を定めていたし、一九四九年のジュネーヴ条約の第一五条で「捕虜を抑留する国は、無償で捕虜を給養し」とさらに明確に規定していたから、賃金から給養費を控除することは国際法違反だった。そればかりか、収容所維持費（運営費）まで捕虜に負担させるというあこぎなやり方をしたのだ。

その結果、何とかノルマを一〇〇％達成しても賃金が二〇〇ルーブル以上でなければこれまたただ働きとなった。賃金からまず給養費を控除し、残額の七〇％～八五％掛けを支払うとしたから、支払いゼロか、少額にしかならない制度だった。

あこぎなソ連は、この給養費二〇〇ルーブルを一年後の昭和二一年一〇月から四〇〇ルーブルに倍増し、昭和二三年四月にはさらに四五六ルーブルへ引き上げた。日本人捕虜にできるだけ賃金を支払わない、という意図は明らかだろう。

このように、多くの抑留者はほとんど賃金を支払われない「無償労働」を強いられた。すなわちただ働き＝奴隷労働であり、共産主義国家ソ連はその理想とは裏腹に、日本人抑留者を奴隷のように搾取したのである。

酷寒（マローズ）

シベリアはカザフスタンとモンゴルの北部を含めて、かつて南北樺太の境界線であった北緯五〇度線より北側にすっぽり収まる高緯度地帯である。しかも大陸性の気候なため非常に寒い。長く寒い冬と短く暑い夏。春と秋はごく短い。真冬にはマイナス四〇度から五〇度以下にも下がる。温暖な気候で育った日本人には想像を絶する寒さである。

ソ連側は早い段階で、日本人がシベリアのマロースに耐えられない体質であることに気づいていた。昭和二〇年一一月には、内務人民委員部指令で「屋外作業への出動は季節に応じた服と靴を着てのみ行うこと、作業施設では凍傷を防止するあらゆる措置を取り、暖まり場をつくること」と命じていたし、別の内務人民委員部指令では、暖かい服と靴の支給に加えて、作業場所まで三キロ以上の徒歩移動を禁じている。

しかしこれも余り守られてはいなかった。伐採作業では現場まで三キロ以上歩くことはざらだったし、焚火をして暖まると警戒兵に追い立てられることもよくあった。

作業停止になる限界気温は収容所によりまちまちだった。内務人民委員部が昭和二〇年一〇月に出した命令では、「日本人捕虜は、日本人の冬季作業条件への適応力を考慮して共和国内務人民委員部／州内務局の裁量で気温の限度を定める」と規定していた。

要するに、実際には収容所長の裁量であった。したがって、マイナス三〇度から四〇度までばらつき、マイナス五〇度で作業に出された例すら見られた。それだけでなく、雪嵐や強風ともなれば体感温度はさらに下がるが、あまりそれが考慮された形跡はない。貧弱な防寒具とも相まって、寒さに弱い日本人に凍傷患者が続出したのは当然であった。

カザフスタンのアルマアタ第四〇収容地区に抑留された吉田一雄は、マイナス五〇度で作業に駆り出されたと記している。

或朝、暗いうちに百人程が屋外に整列させられた。発電所の水路が凍ったので氷割りの使役であった……ラーゲル着は夜中だった。足は凍傷に罹り、四本の指は皮が剥け半腐れの肉が腫れ上がり疼いた。ラーゲルの八割の者が凍傷に罹ってしまった。それでも作業は休ませなかった。

（吉田一雄「痛恨のアルマアタ」『いわれなき虜囚』第七号）

シベリアより温暖な中央アジアですらこうである。収容所長はノルマの達成を第一に考えているので、限界気温を超えても作業出動させることがあったのだ。ただ、凍傷患者を出さないため限界気温を守ろうとするソ連医師が、無理やり作業出動させようとする所長と対立する場面がよく見られたのは救いだった。

アルチョム第一二収容地区に抑留された小沢道雄の体験は劇的である。戦後、小沢は体験記を書き、植木等主演で映画化もされた（「本日ただいま誕生」）。

小沢は、アルチョムから満洲の牡丹江へ逆送されることになった。昭和二〇年一一月一二日、暖房なしの貨車で出発し、一九日に着くまでの一週間、マイナス四〇度くらいの車内に夏服で閉じ込められ、生死の境目をさまよった。ソ連は、病弱者ばかりなのに暖房しないという冷酷な処置をしたのだ。その結果五〇〇人のうち約半数が「冷凍人間」となって死亡した。小沢は死ななかったものの両足が凍傷に罹り、翌年一月一三日にソ連軍管理下の牡丹江陸軍病院で日本人の内科医によって両足切断手術を受けることになる。麻酔なしの二時間の手術は想像を絶し、その痛みは一ヵ月も続いたと記している（小沢道雄『足無し禅師　本日ただいま誕生』）。

「酷寒・飢餓・重労働」のひとつでも大変なのに、これが重なったのである。ソ連側もそれなりに対策を講じようとしたが、当初はほとんど効果がなかった。とりわけ抑留最初の昭和二〇年／昭和二一年の冬は厳しく、抑留中の死亡者のおよそ八割がこの時期に集中している。

衛生や医療も劣悪だった。住居が不潔なため虱《しらみ》や南京虫に悩まされ、チフスや赤痢などの伝染病が流行した。当時のソ連の医者のレベルが低かったことは衆目の認めるところで、体温が三八度以上でなければほとんど病人扱いされないなど、日本人の不信を買った。日本人の軍医に救われることも多かった。医薬品もまったく足りなかった。

思想教育とシベリア「民主運動」

苛烈な生活にくわえて、抑留者たちの精神に重苦しい影を落としたのが、ソ連による思想教育だった。すなわち洗脳である。

ソ連は冷戦状況が深刻さを増すなかで抑留者に思想教育を行った。抑留者を「赤化」することは、対日、対米のための政治戦略であった。

当局は当初、旧日本軍の組織を巧みに利用して抑留者を管理していた。しかし、一部の収容所では戦争が終わったにもかかわらず、上官の横暴やリンチ、ピンハネが横行し、そのため反軍思想が生まれはじめていた。

ソ連は日本兵向けの宣伝新聞「日本新聞」を、早くも昭和二〇年九月一五日には発行している。新聞にはソ連の礼賛、共産主義の宣伝、天皇制批判などが載せられた。これがシベリア「民主運動」を領導することになった。やがて「日本新聞」友の会がつくられ次第に「民主」

グループができてくる。

さらには「講習会」や「政治学校」で養成された筋金入りのアクチーヴ（活動分子）がリーダーとなり、「反ファシスト委員会」に発展する。つまり、ソ連と共産主義に共鳴し、反軍、反日思想を抱くようになった者が、収容所内で権力を行使しはじめたのだ。

収容所内では旧軍組織が解体され、反ファシスト委員会が主導権を握るとともに過激化していった。『ソ連共産党小史』などの学習が強制され、「反動」分子との闘争が展開される。将校や「前職者」が「反動」として批判会、吊し上げで激しく攻撃された。

イズベストコーヴァヤ第四収容地区から「民主運動」の盛んなハバロフスクへ移動した大坂公夫は、「我が身の保全のため、またソ側に認められて一日も早く帰国せんがため日本人同士で相手を傷つけあわなければならないような、精神的にも肉体的にも、大部分の人は地獄の苦しみを味わった」として、こう述べている。

みんながつるし上げの怖さを感じ力の限り働いたが、どの作業隊も同じように作業サボの名目のもとに、一組に一人か二人必ず青年行動隊の犠牲にさせられた……そのようなとき「作業サボ」と印を押された人たちは、毎朝千人も整列している前で壇上に立たされ、「この者は反動だ」「反動は絶対日本に帰すな、シベリアの肥やしになってしまえ」と叫ばれる。反動と名づけられた人に対しては、自分の身を考え、だれ一人話しかけもせず孤立させられる。そして二十四時間監視の中に置かれるのだ。夜の星空だけしか見ることのできない異郷での孤立は、味わった者でなければ絶対わからない想像以上の苦しみだったであろう。我が身は明日は反動になりはしないか?との不安の毎日で、それこそ力の限り一生懸命働かねばならない。合わせる顔にだれ一人として笑顔なく、同胞相食み、目の色も変わり、息の詰まるような、毎日が地獄の生活だった。

（大坂公夫「シベリア抑留記」『シベリア強制抑留者が語り継ぐ労苦』9）

典型的な吊し上げの光景である。これは精神的拷問にも等しいもので、収容所を陰惨な雰囲気にし、被害者の心に大きな傷跡を残した。シベリア「民主運動」は日本人同士を分裂させ反目させて、同胞間に深い亀裂と感情的対立をもたらしたのである。

「民主運動」の圧力に耐えかねて転向する将校が続出した一方で、最後まで妥協せず筋を通した将校がいたのも事実だ。そのひとりが「極反動」とされた草地貞吾である。草地貞吾は陸士・陸大出のエリート軍人で敗戦時は関東軍参謀大佐だった。ハバロフスク、コムソモリスク周辺の収容所と監獄を転々とし、「極反動」としてアクチーヴから執拗な攻撃を受けつづけたが、最後まで妥協を拒んだ。

吊し上げについて草地はこう述べている。

残念なことにお互いに同胞の身でありながらも、これらのいわゆる反動に対する全般の迫害は言語に絶するものがあった。食事は作業の関係もあったであろうが、いわゆる反動には最後に支給された。噴飯にも前述のように「反動！　メシーッ」という呼び声が掛かるのである。丁度犬や猫に向かって「そらメシやるぞ……」と言わぬ許りである。その号音ならぬ号声に応じて私共は出掛けるのであるが、その時は何百人もの進歩的人間（？）共が庭にも食堂にも待ち構えて四方八方から罵詈雑言を浴びせたり、甚だしきはスクラムを組んで身動きもならぬように引っ包んでしまうのである。それが一週間や十日位ならまだしも、三月も半年も続くのであるから堪らない。

（草地貞吾『地獄遍路』）

草地貞吾はこうした迫害に耐え、国際法とソ連の「捕虜に関する規定」を楯に階級章を外さなかった。しかし、その報いのように、「戦犯」として資本主義援助罪で二五年の判決を下され、終戦から一一年後に帰国することになった。

こうしたシベリア「民主運動」の総仕上げが、昭和二四年夏の「スターリンへの感謝文」署名運動と、帰国後の日本共産党入党運動であった。

ソ連の政治部将校がシベリア「民主運動」を陰で指導していたことは、すでに公文書資料で明らかにされている。基本的には抑留者を共産主義思想で思想教育（洗脳）して、共産主義戦士として養成し日本へ送り返す、というソ連の冷戦政策を具体化したものであった。

結局、ソ連の思想教育は、その意図とは裏腹に、抑留者の多くに反ソ連、反共産主義の気分を植えつける結果になったから、成功したとはいえないだろう。

シベリア抑留と国際法

ソ連側のこうした苛酷な待遇は、一九〇七年のハーグ陸戦規則や一九二九年のジュネーヴ条約のような国際人道法（戦時国際法）に明らかに違反するものだった。

一九二九年のジュネーヴ条約は、「捕虜の送還は平和克復後、なるべく速やかに行われる」と規定していた。

また、日本が受諾したポツダム宣言第九項は、「日本国軍隊は完全に武装解除せられたる後、各自の家庭に復帰し、平和的且生産的の生活を営むの機会を得しめらるべし」と定めていた。

それにもかかわらず、ソ連は停戦し武装解除したあと、本国送還するどころか、自国とモンゴルへ強制連行し、長期間抑留して強制労働をさせたのである。

日本政府はＧＨＱを通じて日本人の早期送還をソ連に要求したが、それが実現したのは「ソ連地区引き上げに関する米ソ協定」が調印された一九四六年一二月になってからであり、一般の抑留者が全員帰国するのは昭和二五年四月だった。昭和二五年春までに帰国した人を短期抑留者という。

無実の囚人、長期抑留者

ところが、短期抑留者よりも長く抑留された人たちがいた。いわゆる「戦犯」として裁かれた受刑者である。カッコ書きなのは、国際法でいう戦犯には該当せず、不当に断罪された人たちだからである。

ソ連は警官、憲兵、特務機関員、高級将校などの「前職者」をスパイ、反ソ行為などで逮捕・尋問・拷問した。つまり、何をしたかの事実（犯罪行為）ではなく、何の職業だっただけで「反ソ行為」と見なしたのである。多くは非公開、弁護人なしの即決裁判により、二〇年、二五年の長期刑が言い渡された。

それも主に刑法第五八条の反革命罪で裁いたのだ。第五八条の反革命罪はソ連体制にまつろわぬ人たちを政治犯として裁くための法律で、これにより膨大な政治囚が生みだされた。きわめて恣意的な断罪であり、彼らは基本的に無実の囚人だった。その数、二七〇〇〇人ほどである。受刑者になると「捕虜」から「犯罪者」に変わる。捕虜収容所から囚人収容所に移されて待遇が悪化する。外国人を含む一般の受刑者（政治犯、刑事犯）に混じって、残忍なロシア・ヤクザの洗礼を受けることにもなる。

最も苛酷だった点は、短期抑留者が帰国したあと、孤独のうちに長期間抑留されていたことだろう。極北の収容所に、たった一人の日本人として取り残された胸中はいかばかりであったか。健康を害し、帰国の見込みどころか、将来の展望すら見えなかったのである。こうした孤独と将来不安が、シベリア三重苦に加えて受刑者に重くのしかかったのである。

昭和二八年になって、日本赤十字社とソ連赤十字社がモスクワで交渉し、一一月一九日に共同コミュニケに調印する。こうして長期抑留者の帰国が昭和二八年一二月から始まった。そして昭和三一年一〇月一九日の日ソ共同宣言により、最後の長期抑留者が帰国したのは、同年一二月二六日のこと、じつに一一年ぶりの祖国だった。

これがシベリア抑留の概要である。詳しくは拙著『シベリア抑留——日本人はどんな目に遭ったのか』（新潮選書）を参照していただきたい。

次章からはマガダンとコルィマに焦点をあて、今なお知られざる極寒の地の悲劇を記していきたい。

第二章
❄マガダン、コルィマは「地獄の収容所」

さて日本兵四〇〇〇人が送り込まれたマガダン、コルィマとはどういうところなのか。共産主義国家ソ連の収容所群島の歴史に触れながら明らかにしたい。

1　弾圧犠牲者の慰霊碑《深き悲しみのマスク（マスカ・スコルビ）》

マガダン市内の小高いクルトイ丘に、政治的弾圧の犠牲者の慰霊碑《深き悲しみのマスク》が建っている。一九九六年六月に除幕されたものだ。かつてこの丘には有名な中継監獄《ペレスィルカ》があり、「大陸」から移送された囚人はここからコルィマ地方の奥地の収容所へ送り込まれた。ペレスイルカは「中継地点」という位置づけである。設計者は世界的に有名な彫刻家エルンスト・ネイズヴェスヌイと、マガダンの建築家カミリ・カザエフである。

慰霊碑にはコルィマの収容所とその囚人の悲劇が銘記されている。ここには怖ろしい北東収

深き悲しみのマスク

容所（セヴヴォストラーグ）があり、一九三二年に設置されて二五年の長きにわたって存在した。北東収容所の正式名称は「北東矯正労働収容所」で、グラーグ（収容所管理総局）を代表するラーゲリのひとつである。約三〇〇もの支所があった。

　ハランスキーが公文書館で調べた資料によると、四半世紀の間にコルィマの収容所を通過した囚人の数は、総数およそ八七万六〇〇〇人で内訳は左記の通りと推定されている。

刑期満了退所者	五四七、〇〇〇人（六二％）
死亡者	一二八、〇〇〇人（一五％）
銃殺者	一〇、〇〇〇人（一％）
脱走者	八、〇〇〇人（一％、多くは捕獲または銃殺）
別の収容所へ移送	一八三、〇〇〇人（二一％）

　死亡者と銃殺者を合わせると一三万八〇〇〇人となり、一六％にのぼる。この異常に多い犠牲者が、まさに「死のコルィマ」を裏づける数値だ。

記念碑は標高二〇〇メートルで市内からもコルィマ街道からもよく見渡せる。《深き悲しみのマスク》の高さは一五メートル、台座は一枚の鉄筋コンクリート製だ。記念碑は顔面の側から《深き悲しみのマスク》の形で現れる。その反対側からはブロンズ製の十字架と深く悲しむ乙女の彫像が現れる。

《深き悲しみのマスク》の前には一一枚のコンクリートブロックがあり、それぞれにコルィマの地獄の収容所の名前が刻まれている。（　）内は筆者注。

ブトゥグイチャグ（錫、ウラン）　エリゲン（女囚）　セルパンチンカ（刑場）
ドニエプロフスキー（錫）　マリジャク（金、刑場）　キンジャル（錫）
ジェルガラ（金）　マグラーグ（マガダン）　ヘニカンジャ（錫）
セーヴェルヌイ（ウラン）　カニオン（コバルト）

いずれも日本人には馴染みのない名前ばかりだが、これこそが名だたる北東収容所を代表するラーゲリである。コルィマは有名だが、これらの名前が言及されることはほとんどない。だが、コルィマと合わせて、これらのラーゲリの名前は「共産主義による人民弾圧」を表すものとして人類の歴史に永遠に留めるべきだろう。

《深き悲しみのマスク》の上階の右の部屋には鐘があり、凍てついた風に揺れている。あたかも無実の受難者を記憶する悲しみの弔鐘のようだ。

マガダンの日本人兵四〇〇〇人以外に、コルィマのラーゲリには一〇〇〇人ほどの日本人受刑者が拘禁された。このことを忘れてはならない。

2　ソ連収容所群島のなかのマガダン、コルィマ

マガダンに帰国第一歩を刻んだソルジェニーツィン

ソ連の収容所群島といえば、『イワン・デニーソヴィチの一日』などでノーベル賞を贈られた、アレクサンドル・ソルジェニーツィンを連想する人も多いだろう。彼は一九七三年に、西側で『収容所群島』を出版したことで、翌年ソ連当局に逮捕され国外追放の弾圧を受けた。この著作の出版により、理想社会をうたったソ連という共産主義国家がじつは全土に囚人収容所《ラーゲリ》が散らばった巨大な「収容所群島《グラーグ》」だったことが、広く世界に知られることになった。

ソルジェニーツィンは西ドイツ、スイス、アメリカでの丸二〇年に及ぶ亡命生活を経て、一九九四年五月に帰国する。じつは、帰国第一歩を踏み出したのが、極北マガダンだったのである。かつて『収容所群島』に「呪われたコルィマ地方」と書きつけた作家にとって、第一歩をしるすのはマガダン、コルィマでなければならなかった。マガダン空港にはスターリン弾圧の犠牲者を含む数百人の人びとが出迎えたと伝えられる。

ソロフキとコルィマ

グラーグのなかでもソロフキ（ソロヴェツキー諸島）とコルィマは、ラーゲリを最も象徴する場所だった。

ロシア北西部の白海に浮かぶソロヴェツキー諸島の修道院跡に一九二三年、ソロフキ収容所はつくられた。「グラーグ収容所第一号」の誕生である。モスクワから北に二三〇〇キロ、北極圏に真近い北緯六五度のソロフキはコルィマと並ぶ極寒の地だった。

宗教否定の無神論を国是とする革命政府は、あえてロシア正教の聖地ソロフキを最初の収容所に選び、宗教を侮辱したのである。最盛期には六万人あまりが収容された。

収容所がソ連全土に増殖するなか、北東の果て、オホーツク海岸にある僻遠の地、コルィマ地方にも収容所がつくられた。コルィマ地方とは大河コルィマ河の流域を指す。この河はコルィマ丘陵に源を発し、東シベリア海（北極海）に注ぐ全長二一〇〇キロにも及ぶ大河である。コルィマ地方は行政地区名ではないので、明確な境界線があるわけではなく、マガダン州とヤクート自治共和国（現サハ共和国）にまたがる広大なツンドラの大地である。

マガダン市とヤクーツク市を結ぶのは、約二〇〇〇キロにおよぶ大幹線道路コルィマ街道である。収容所の多くはこの街道沿いにつくられたが、街道から離れた奥地や、コルィマ川河口近くの北極圏にも点在した。主なものだけでも一六ヵ所に及ぶ。ピーク期の一九四〇年と一九五一年には一七万人以上の囚人が収容され、苛酷な強制労働に服した。

「大陸」と「島」

マガダン州の州都マガダンは、ソ連がコルィマ地方の金鉱を開発・生産するための拠点として建設した街である。こんな僻地の勤務を望む自由労働者はいないから、労働力としてグラーグの囚人を利用した。マガダンはいみじくも「囚人の街」といわれた。マガダンはコルィマ地方に点在する金鉱山を統轄する文字通りの中心都市であり、金と囚人を「大陸《マテリク》」との間で船輸送する基地でもあった。

北緯五九度に位置し、オホーツク海に面した港湾都市マガダン市は、北緯五〇度の占守島のほぼ真北にあたる。ナガエヴォ湾（西側）とゲルトネル湾（東側）を抱えるが、一二月末から四月初めまでは氷に閉ざされてしまう。

ラーゲリはすべてマガダン以北、北極圏までの極寒地帯（極北ロシア）にあった。コルィマ街道の最北地点は北緯六四度のウスチ・ネラであり、前述のソロフキとほぼ同じ緯度だった。近くにはマイナス七一度を記録した「寒極」のオイミャコンもある。とにかく、雪と氷しかない地域といっていい。

コルィマ地方はモスクワから地続きの広大な陸地なのに、孤島のように隔絶していた。囚人たちは「島《オーストロフ》」と呼び、ロシアの大地を還るべきなつかしい「大陸《マテリク》（本土）」と呼んだ。コルィマへの交通は陸路ではなく、ウラジオストク港・ヴァニノ港とマガダンのナガエヴォ港とを結ぶ海路であったことも「大陸」から孤絶した「島」というイメージを強めた。

このヴァニノ港は一九四三年に建設が決定され、一九四五年に埠頭ができた。同時にバム鉄道の終点ソフガヴァーニから一五キロ手前に「ヴァニノ駅」が整備された。ヴァニノの中継監獄（ペレスィルカ）は、囚人の「鉄道／船積替え基地」として、最盛期には一万五〇〇〇人もの収容能力をもつ大ラーゲリとなった。

第六章で述べるように、「大陸」（ロシア内陸部）から輸送されてきた日本人受刑者がコルィマ地方へ転送されたのは、主にこのヴァニノ港からだった。ちなみに、バム鉄道とはバイカル・アムール鉄道のことで、別称第二シベリア鉄道という。この鉄路の建設には、シベリア抑留の日本人も使役され、多くの犠牲者を出した。

この陸の孤島コルィマから大陸に向かって脱走を試みた囚人は少なからずいたが、ほとんど成功しなかった。ドイツ軍将校クレメンス・フォレルが二五年の刑を宣告されてロシア最東端の鉛鉱山から、決死の覚悟でシベリア横断の脱走に挑んだが、これは奇跡の成功譚であり、例外的な出来事だった（ヨーゼフ・マルティン・バウエル『わが足の続くかぎり』）。この原作は二〇〇一年に映画化された（邦題「九〇〇〇マイルの約束」）。

気候風土

マガダン市は海港都市なので最低気温はマイナス三五度くらいだが、内陸のコルィマ地方ともなればマイナス四〇度、五〇度、六〇度にも下がる。いわゆる極寒（マロース）が最大の特徴である。

グラーグは、無風でマイナス三五度としていた囚人収容所の限界気温（作業中止気温）を一九三六年にはマイナス四〇度に引き下げた。しかしコルィマでは現地当局がさらにマイナス五五度（！）にまで引き下げたという（ジャック・ロッシ『ラーゲリ註解事典』）。

日本人にはちょっと想像もつかない寒さで、「殺人的な寒冷性」と恐れられた。野菜がわずかに採れるだけの永久凍土地帯なので食料はほぼすべて大陸から運ばなければならなかった。しかも一二月から翌年四月まで港が結氷してしまい、相当量の備蓄が欠かせない。

食料に限らず日用品、建設資材、資源開発機材、そして何よりも労働力としての囚人を大陸からの船輸送に頼っていた。

日本兵の手記等を読むと、北斗七星が一年中真上に見え、六月初旬から七月中旬まで白夜が続き、反対に一二月から二月末までは薄暗い昼間とマロースが続く。この時期、晴れた夜には美しくも幽玄なオーロラが見られる。

夏には凍土が少し解けると、わずかに生えてくるコケ類のツンドラ地帯が広がる。農耕にも伐採にも適さず、必然的に鉱山労働が主体となった。

一方、南方のマガダンはタイガーという広大な針葉樹林帯が特徴である。マガダンに送られた日本兵の多くはこのタイガーでの伐採に従事したが、後述するように非常に苛酷で奴隷のような労働を強いられた。

日本兵が移送されたとき、マガダンは建設が始まってから一四年経ち、囚人都市としての体裁はそれなりに整っていた。シベリアなどの「大陸」では、日本人が文字通り未開の山奥に送られて、ゼロからバラックの建設を始めた収容所も少なからずあったが、コルィマは少なくとも「囚人の街」としての最低限のインフラはできていたのである。

3　極北建設総局（ダーリストロイ）と北東収容所（セヴヴォストラーグ）

マガダンを含むコルィマ地方の管理・支配には、表と裏の組織があった。表の組織は極北建設総局（ダーリストロイ）、裏の組織は北東収容所（セヴヴォストラーグ）である。スターリンはコルィマとグラーグ（囚人収容所）を直接結びつけることを避け、コルィマの金鉱を普通の経済企業に見せかけたのである。暴力団とフロント企業のようなものである。もともとソ連の収容所は産業企業に強制労働力（囚人）を供給する目的があったので、収容所・産業複合体として存在していたが、このダーリストロイほどの巨大な経済機関と一体化していたのは特異なケースだった。

ダーリストロイの誕生

ナガエヴォ港とマガダン集落の建設が始まったのは一九二九年だが、コルィマ地方での金採掘と囚人労働の歴史は二年後の一九三一年を起点とする。ソ連共産党中央委員会政治局は一九三一年八月二〇日、特別委員会を設置し、同年一一月に決定「コルィマについて」を採択して、スターリンが署名した。

この決定により、コルィマ上流地域で金採掘を行うためソ連共産党中央委員会直属の特別なトラスト（企業合同体）がつくられ、トラスト長官にはエドゥアルド・ベルジンが任命された。一九三一年一一月の決定で、コルィマトラストの名称が国営トラスト「ダーリストロイ」とされた。さらに、一九三八年三月には、国営トラスト「ダーリストロイ」はソ連人民委員会議決定で内務人民委員部（ＮＫＶＤ）の管轄に移行し、「ＮＫＶＤ極北建設総局『ダーリストロイ』」と命名された。

ダーリストロイの任務は、

・コルィマ地方のあらゆる有用鉱物の採掘と精錬を含む地下資源の採掘。
・前記の任務を首尾よく遂行するための採掘地区の植民地化、およびありとあらゆる企業と作業の組織化。

トラストに必要なすべての地元企業がダーリストロイの管理下に移管された。つまりは北東地域開発に関する特別全権を持つ強力な経済機関だったのである。

先の中央委員会決定には重要な項目がふたつ含まれていた。

ひとつは人員について囚人労働を利用することが明記されていたこと。もうひとつはコルィマとヤクーチヤを結ぶコルィマ街道を一九三二年秋までに完成させることである。

かくして、巨大な囚人産業複合体ともいうべきダーリストロイの版図は、時とともに増殖を続け、ロシア極北のじつに広大な地域を管理下に置いた。

北東収容所（セヴヴォストラーグ）の設置

ダーリストロイに囚人労働力を供給するため、ＮＫＶＤの前身、ＯＧＰＵ《オゲペウ》（合同国家政治保安部）は一九三二年四月一日、「北東収容所の組織化に関する」命令を出した。それによって、北東収容所（セヴヴォストラーグ）はダーリストロイ局長ベルジンの管轄下に置かれた。局長ベルジンはコルィマの鉱山・道路開発と囚人管理を束ねる絶大な権力を持ったのである。

一九三四年一二月の共産党幹部セルゲイ・キーロフ暗殺事件を契機に始まった、スターリンによる大粛清（大テロル）は一九三七、三八年にピークを迎えた。それに伴い急増したのがコルィマの囚人数である。一万人ほどから、一九四〇年には一七万七〇〇〇人にもなった。

大祖国戦争が始まると、囚人の一部も戦争に駆り出された。そのため囚人数は減少するものの、戦後はふたたび増加に転じ、「一九三七年の血を分けた弟である一九四九年」のあとの一九五一年には、一七万人と第二のピークを迎えた。大テロルの再来だった。

一九三九年一一月、イヴァン・ニキショーフが第三代ダーリストロイ局長に任命されたが、日本人四〇〇〇人がマガダンに抑留されたのはこのニキシ

北東収容所の囚人数の推移
（各年末） 単位：千人

年	囚人	年	囚人
1932	9.9	1945	69.3
1933	27.4	1946	79.6
1934	32.3	1947	106.8
1935	44.6	1948	108.6
1936	62.7	1949	131.7
1937	80.3	1950	157.0
1938	93.9	1951	170.5
1939	163.5	1952	154.4
1940	176.7	1953	88.0
1941	147.9	1954	72.1
1942	99.8	1955	39.6
1943	76.3	1956	23.8
1944	87.3		

出典：セルゲイ・ハランスキー
『地獄の試練にさらされた人たち』

ヨーフの時代だった。

コルイマでは金の採掘に加えて、錫などの生産も始まり、戦後にはウラン鉱の採掘も進められた。米ソの核兵器開発競争により、ウランは戦略物資となっていたのである。

スターリンの死とダーリストロイの終焉

一九五三年三月五日、スターリンがついに死亡する。この異様な独裁者の死によって、ダーリストロイはすみやかに解体に向かった。三月一八日付ソ連閣僚会議決定によって、内務省から金属産業省に移管され、同二七日にはベリヤが主導して採択したソ連最高会議幹部会の恩赦令が出た。以後、同年一一月までにダーリストロイの収容所から七万八〇〇〇人あまりが去っていった。恩赦、計画的釈放、別の収容所へ移送などである。釈放者の圧倒的多数はその後「島」から「大陸」へ去った。ただし、恩赦対象に政治囚は含まれなかった。

ダーリストロイは一九五七年四月一六日付の命令で解体された。かくて、おそらく全ソ連邦規模でも、世界規模でも類例のない、異常に強力な囚人・産業複合体は、ついに歴史の舞台から最終的に去ったのである。

それは同時に、ソ連で最も苛酷な北東収容所と囚人の四半世紀に及ぶ歴史の終焉でもあった。

ソ連共産主義の怪物、極北建設総局（ダーリストロイ）に放り込まれたのが、共産主義とはほとんど無縁の日本兵四〇〇〇名。彼らがどのような辛酸を舐めたか、次章で掘り起こしていきたい。

第三章
❄最北の捕虜収容所、マガダン第八五五収容地区

マガダンで死亡した日本兵の慰霊

「マガダンで日本兵の遺体発見」の報を受けた酒井豊は、平成三（一九九一）年八月末、戦友の三上一次らとマガダンを訪れた。

占守島の海軍通信隊員で第一六大隊の一員として、マガダンに抑留された酒井は、帰国後、「全ソ英霊帰還促進会」を立ち上げ、遺骨を日本へ持ち帰る運動を続けていた。「日本兵の遺体発見」のニュースが、酒井の心を大きく動かしたことは想像にかたくない。この訪問は、その会員たちとマガダンで慰霊祭を行うためのものであった。

その年の七月に発見された日本兵の遺体は、すでにロシア正教の荘厳な儀式に則って埋葬式をしたあと正教会前に改葬されていた。柩《ひつぎ》を赤い布で包み、イコンをのせて、会衆が聖歌を歌うなか、神父が祈りを捧げつつ埋葬する。会衆には元囚人または囚人の子孫もいたに違いない。

ソ連が崩壊する直前だったが、囚人の関係者が多いマガダン住民には、スターリンの捕虜政

策による日本人の犠牲者への同情があったのであろう。マガダンで非業の死を遂げた日本兵はまずロシア人によって慰霊され、手厚く葬られたことを忘れてはならない。

酒井豊はおそらく戦後初めて同地を再訪したマガダン抑留者である。一九九一年四月のことであった。そのときはあちこち墓探しをして、かつて五人の戦友の遺体を馬橇で運んで埋葬した場所を突き止めたという。その直後の七月に「日本人の遺体発見」が報じられたのだ。英霊の遺骨を帰還させたいという酒井の願いが通じたかのようだった。

八月末の訪問で酒井と三上らは遺体の改葬場所に墓標を建て、仏式の慰霊祭を行った。このとき撮影されたビデオを見ると、日本の僧侶が読経するなか戦友たちが献花して手を合わせ、ロシア正教の司祭もまた来て祈りを捧げているのが目に入る。酒井はその後も数度マガダンを訪れては、孤児院に物品を、病院に医薬品を届けている。

没後四〇数年を経て日本の戦友とロシア人から慰霊され、マガダンの抑留死亡者は初めて安息の日を迎えたであろう。

厚生省は翌一九九二年八月、マガダンに遺骨収集団を派遣し、さらに七体を発掘した。これでマガダンの日本人の遺体は一八体となった。

マガダン市から一〇〇キロ圏内に配置

昭和二〇年、マガダン第八五五収容地区へ送られた四〇〇〇人の部隊は、次の四ヵ所の収容所に収容された。

マガダン第855収容地区

収容所	人数と位置	部隊内訳
第1収容所	収容人数 2000人 位置	占守第7大隊(山田四郎中尉)　1000 　　独立歩兵第284大隊(野口大隊)　700 　　独立歩兵第287大隊(高橋大隊)　300 占守第16大隊(萩本研中尉)　1000 　　海軍通信隊 　　海軍警備隊 第16大隊の第1、第2中隊の約500名は昭和20年12月に第2収容所と第4収容所へ転送された。 第16大隊:マガダン市内西北側 第7大隊:マガダン街道4キロ地点
第2収容所	収容人数 1000人 位置	占守第5大隊(保志淳一中尉)　1000 　　独立歩兵第282大隊(村上大隊)　750 　　第73旅団通信隊　250 昭和20年12月に第1収容所第16大隊第1中隊約250名を39キロ地点に移送。 マガダン街道沿いに87キロ地点パラートカまで19キロ(本部)、30キロ、39キロ、65キロ
第3収容所	収容人数 1000人 位置	占守第6大隊(久保政治中尉)　1000 　　独立歩兵第283大隊(竹下大隊)　750 　　臼砲隊　250 マガダン市西北47−83キロ　森林鉄道沿い 本部は当初フタロエ、のちにスプラヴナヤ カザリンカ、スプラヴナヤ、フタロイ、ハスィン、ジマビョウ
第4収容所	収容人数 250人 位置	昭和20年12月第1収容所第16大隊第2中隊約250名を移送 マガダン街道82キロ地点　ハスィン炭鉱

出典:厚生省「収容所概況」および三上一次『1945〜1949・マガダン』などにより作成

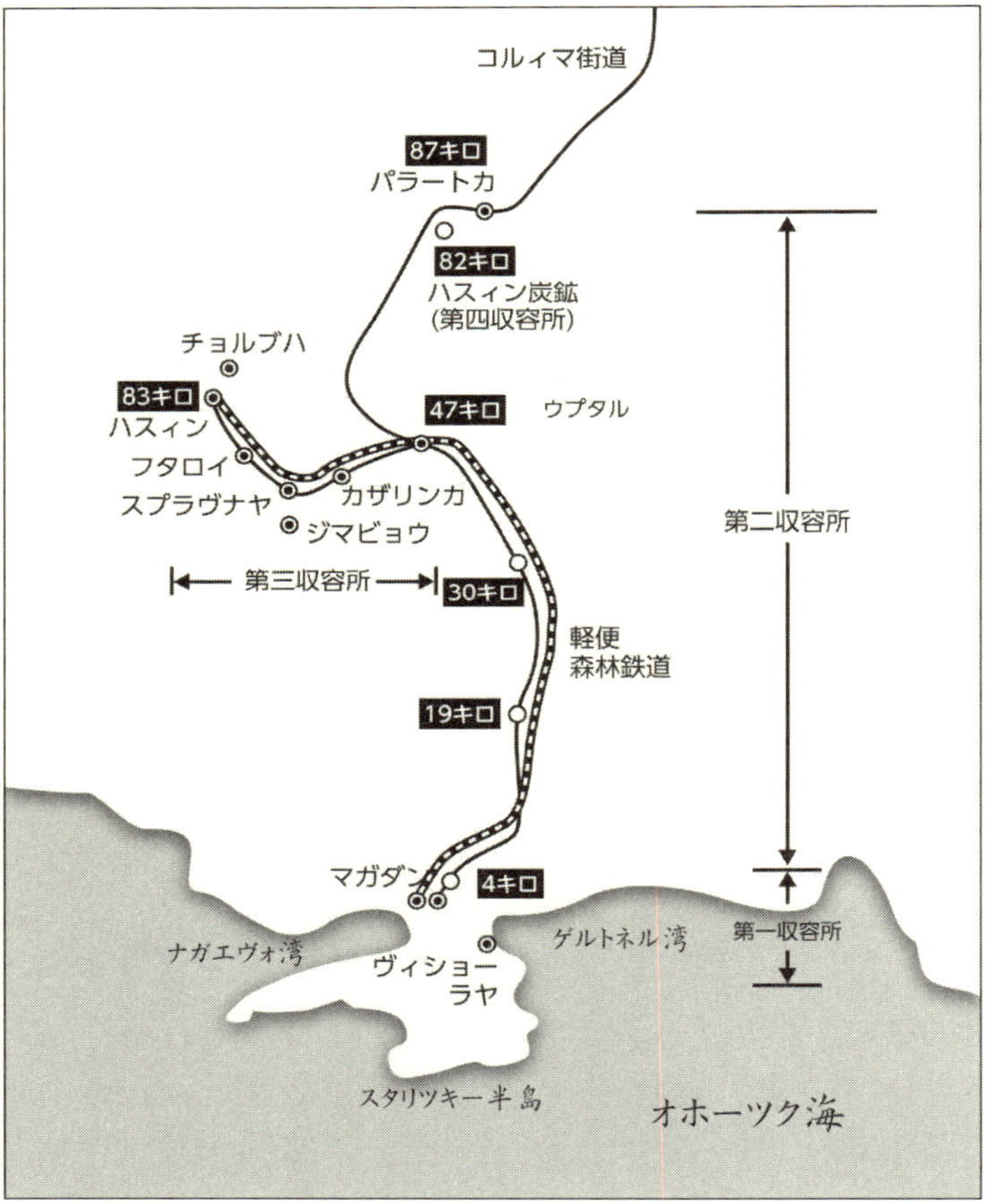

マガダン第855収容地区配置図

(『歴史通』2017年4月号101頁の図を参考に作成)

第一収容所はマガダン市内である。ここには、野口大隊と高橋大隊からなる第七大隊と、海軍の第一六大隊の計二〇〇〇人が配置された。占守島では野口大隊は蔭ノ澗《かげのま》に、高橋大隊は千歳台に布陣しており、いずれも最前線で戦った部隊ではなかった。海軍は、片岡飛行場から九七式艦上攻撃機が出撃して竹田浜の敵艦を攻撃している。

第二収容所はコルィマ街道沿いに八七キロ地点のパラートカまでに面的に展開されていた。ここには、占守島の最前線で戦った村上大隊を主体とする一〇〇〇人が送り込まれた。大隊本部は街道の一九キロ地点におかれた。なお三九キロ地点には、第一収容所の第一六大隊のうち約二五〇人が転送された（二ヵ月後の昭和二〇年一二月）。

第三収容所は森林鉄道の四七キロ地点から、八三キロ地点のハスィン（日本兵の呼称はハッセン）までに配置された。村上大隊と同じく最前線で戦った竹下大隊を主体とする一〇〇〇人である。大隊本部は当初はフタロイにあり、のちにスプラヴナヤに移された。

第四収容所はコルィマ街道八二キロ地点のハスィン炭鉱だった。同じハスィンという地名だが、第三収容所のハスィンとはかなり離れており、コルィマ街道のパラートカに近かった。ここには、第一収容所の第一六大隊（海軍）のうち約二五〇人が転送された（昭和二〇年一二月）。他の三収容所と違ってこの収容所だけは面的ではなく点だった。

ここで注目すべき点は第二、第三収容所に収容された村上大隊と竹下大隊の七五〇人という数字である。戦闘開始前の隊員数がそれぞれ八八六人、八七三人でどちらも戦死者が多かった部隊なので、生存者がほとんどこの二つの収容所に入れられたと見ることができる。後述するように、マガダン市から離れたこの二つの収容所は、待遇面で第一収容所よりかなり劣悪だった。

このように日本兵が抑留されたマガダン第八五五収容地区の四つの収容所は、すべてマガダン市から一〇〇キロ圏内のいわば近場にまとまって配置されたのが大きな特徴である。コルィマ地方の囚人収容所が、マガダン市から数百キロないし一〇〇〇キロを超える、高緯度の奥地に分散していたこととは対照的であった。

1 第一収容所

酒井豊の戦友で、占守島海軍通信隊の主計下士官だった三上一次は、第一六大隊の一員として第一収容所に収容された。三上はマガダンでの四年間の抑留体験を編著書『1945〜1949・マガダン』として出版している。副題は「極東北シベリア・マガダン凍土下に眠る戦友の御霊に捧ぐ」で、記述に信頼性があり貴重な記録となっている。三上は当時のマガダン市内についても詳細に記述しているので、以下それに従って述べてみたい。

マガダン市の施設設備

マガダンに到着した日本兵四〇〇〇人は市内の広大な中継監獄で一泊したあと、それぞれの

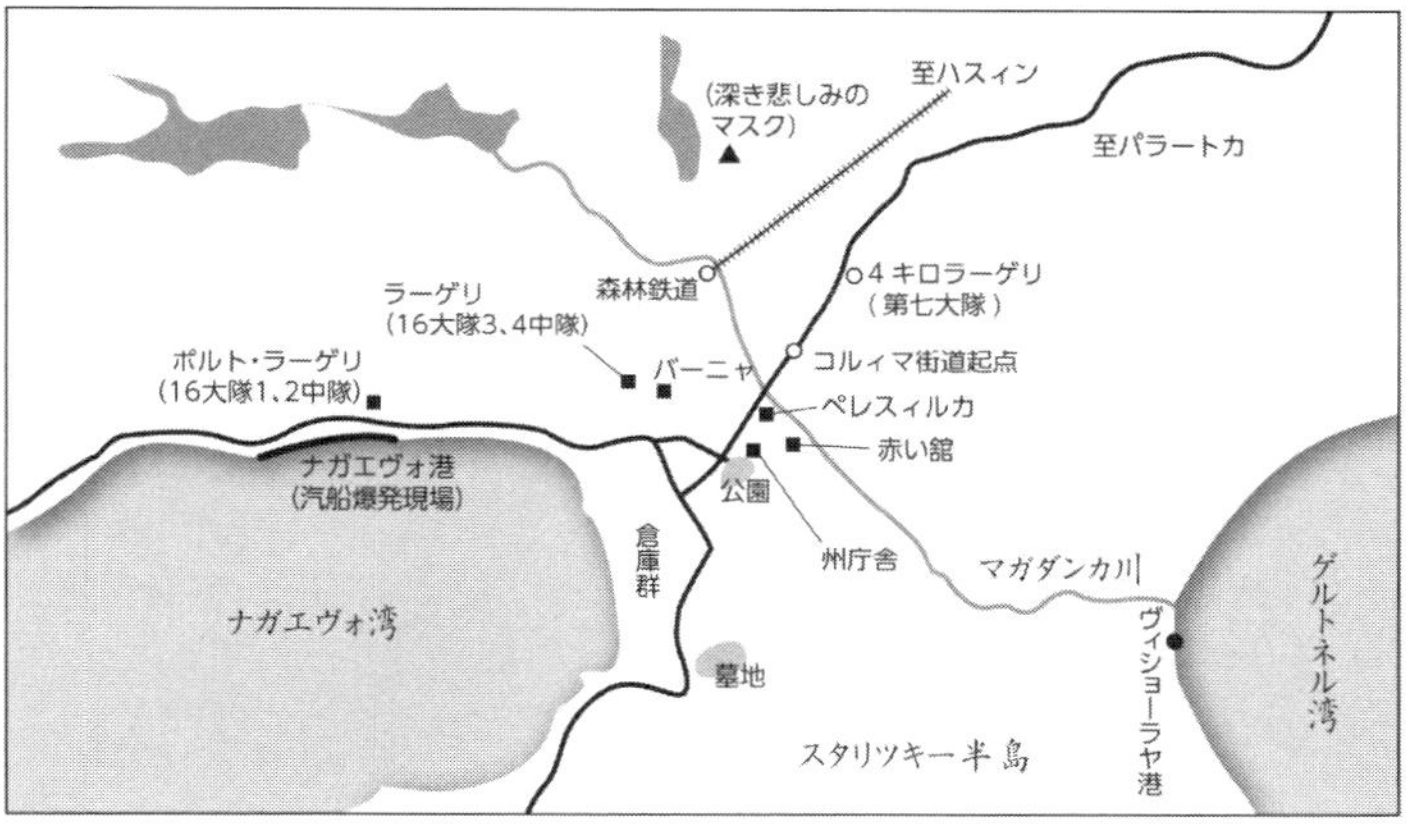

マガダン市略図

収容所へ移送された。中継監獄とは囚人を目的地に護送するときの中間宿営地である。ここに数日から一二日ほど滞在して滅菌と入浴が行われた。マガダンの中継監獄は、コルィマ地方の奥地の収容所へと囚人を送り込むための基地、言い換えれば大陸とコルィマをつなぐ文字通り囚人の中継基地だったのである。

中継監獄の近くには、のちに日本人「戦犯」の運命にかかわる通称「赤い舘」があった。元囚人の手記によると、マガダンには国家保安省の「白い家」と内務省の「赤い家」があったというから、この「赤い家」のことだろう（エヴゲーニヤ・ギンズブルグ『明るい夜　暗い昼』続）。日本人の受刑者は「赤い舘」で秘密警察員から尋問され、無実の罪をきせられた日本人の一部がコルィマ奥地の収容所へ送られ、苛酷な受刑生活を強いられた。

受刑者のひとり山田四郎中尉は赤い舘についてこう記している。

独房は、上下四方厚いベトン［コンクリート］で囲まれた二坪ほどの長方形の部屋で、暗い廊下に面して高いところに鉄格子の入った小さな窓があるだけ。厚いベトンに組み込まれた鉄骨に、荒削りの板を三枚取り付けた寝台。家具は一斗樽ぐらいのうすぎたない木製の樽がただ一つ、ひどくカルキの臭いがした。これは便器であった。監房には、うす暗い電燈が一つともり、昼も全然陽の光りが射し込まず、うす暗くて、寒々としめっぽかった。

食事は、朝、黒パン三〇〇グラムぐらいと小型の塩鮭一匹。昼、カップ一ぱいのお茶に八グラムの砂糖を手のひらにのせてくれる。夕、大麦のカーシャ（おかゆのこと）一皿、これらの食事は扉の上部にある小窓から差し入れられる。夕食が済むと各房順ぐりに便器のボーチカ［樽］をさげて便所へ、以上が日課である。

（山田四郎『極北の強制収容所に生きて』）

三週間過ぎて真夜中に呼び出され、いよいよ取調べが始まるが、部屋には取調べ官以外に、例の囚人通訳シャーポシニコフがいたのだ。これ以降のことは第六章で述べる。

中継監獄が人間（囚人）の集配基地だとしたら、物資の集配基地として一群の港倉庫（バーザ）があった。第一号倉庫から第一二号倉庫まであり食料、酒類、魚類、野菜、油脂、繊維、包装材、鉄材や部品にいたるまであらゆるものが集積されていた。

コルィマ地方には多い時で一七万人の囚人を含む二〇万人以上の労働者がいたのだから、食料をはじめ膨大な物資が必要だった。それがすべてマガダン港で集配されたわけで、倉庫群がたくさんあったのは当然だろう。しかも、港の結氷で輸送が停止する冬季のための備蓄も大量に必要だった。

マガダン市は建設開始以来一六年経っており、コルィマ地方の中核都市として施設設備は比較的整っていた。病院、産院、幼児コンビナート（女囚が生んだ子供の養護施設）、学校、共同墓地などの公共的施設のほか、囚人用の大浴場、木工場、被服工場、ビール工場、石切り場などの施設があった。

これらの多くは奥地の収容所ではとうてい望めない都会的施設設備であり、捕虜や囚人の身で利用できるかどうかは別としても、比較的恵まれた環境だったとはいえよう。

囚人の街に産院と幼児コンビナートとは意外に思われるかもしれないが、民間の女性だけでなく、囚人のなかに多数の女囚がいて妊娠出産が珍しくなかったのである。その父親は男囚の場合もあれば、看守など当局者のこともあった。

街の南西の丘には共同墓地があり、その奥の一角には日本人墓地があった。異国の丘に葬られた土饅頭には一五×四センチの木柱が突き刺され、名前なし番号のみの木片が打ちつけられていた。帰国時、その数二〇〇柱、と三上は記している。

囚人用の浴場は三〇〇〜五〇〇名も入れるほどの大型施設で、珍しいシャワー方式だった。日本人は七〜一〇日毎に入れた。バリカンですべての体毛を刈られたあと、入浴と衣服の熱気消毒が行われた。

ボイラー施設は住宅や公共機関への暖房用に、また工場の動力用に蒸気を供給したもので、ソ連の都市に特有のセントラルヒーティングである。燃料はハスィン地区の褐炭や薪であり、いずれも日本人の労働で得られたものだ。

マガダンのエネルギーインフラを支えていたのはコルィマ街道のほかに、森林鉄道と油送管であった。パラートカまでのガソリン油送管は日本兵が建設した設備である。森林鉄道はマガダンとハスィンを結ぶ軽便鉄道で、主に伐採した木材や食料などの物資を運搬した。日本兵の輸送に使われたこともあった。燃料は薪である。

日本人収容所

第七大隊（山田四郎中尉）一〇〇〇人は四キロ離れた古い収容所に収容され、主にマガダン市内の建物の基礎土木作業と建築作業に駆り出された。

第一六大隊（萩本研中尉）一〇〇〇人のうち第一、第二中隊の約五〇〇人は、ナガエヴォ港に近い岩山の中腹の港収容所に、第三、第四中隊の約五〇〇人は市内北西の収容所に収容された。前者は主として港湾荷役に、後者は魚関係倉庫の雑作業、市内の道路補修などに使役された。

港収容所にいた二つの中隊は、ナガエヴォ湾の結氷が始まると、港を閉鎖したあとの昭和二〇年一二月八日、つまりマガダン上陸後わずか五〇日あまりあと、休む間もなく第一中隊二五〇名が第二収容所三九キロ地点へ転送された。労役は伐採作業である。第二中隊二五〇名は、八二キロ地点の第四収容所へ転送され、ハスィン炭鉱の石炭採掘作業に投入された。

病弱者の返送、四キロ収容所

翌昭和二一年春になると、第二～第四収容所から、「イカレタ」者たちが第一収容所に送り返されてきた。重労働と飢餓的食糧事情、酷寒での幕舎生活で極度に弱った兵隊たちである。

　彼等がトラックで私たちのラーゲルに到着した時は、雪焼けで顔も手も真黒。羽根をむしりとられた鳥のような姿になっていた。トラックの荷台から独りで降りられる者は少なかった。大部分はずる〳〵となだれ落ち、暫くは立ち上がるのもやっと、という有様だった。話しかけても瞳を動かさず、応える声は蚊がなくようにか細く、「生きている人間とは思えぬ者ばかり」で、彼等が過ごした、タイガにおける伐採作業の絶望的な厳しさを聞くと、この世の地獄が想像され慄然としたものであった。

（三上一次『１９４５～１９４９・マガダン』）

衰弱した日本兵の姿に「この世の地獄」を想像した三上は、のちに懲罰収容所へ送られたときのみずからの姿をこう記すことになる。

かつて、一九四六年の春、タイガの伐採で全員が“イカレタ”第一六大隊第一中隊（海軍）、第五大隊（陸軍）、第六大隊（陸軍）等各大隊員の一部がマガダンに送り込まれてきた当時の姿そのものだった。

（三上一次、同前）

かれらを「イカレタ」者と見た三上自身が「イカレタ」姿に成り果てたのである。

野口大隊で伍長だった丹羽《たんば》伝吉は、昭和二三年春になってもこのような衰弱者が送られてきたと記録している。一年前に四七キロ地点に送られた約一〇〇名のうち約三〇名が「ミイラに少し肉を付けたような哀れな様子で」帰って来たという。裸の胸は洗濯板のようだった。現地では伐採作業に従事したが、食料や生活物資の輸送が思わしくなく、食事は半分くらいのときもあり、衣服や靴もぼろぼろになるまで使ったので凍傷になった（丹羽伝吉『苦しかった戦後シベリアの生活』）。

昭和二一年六月、第七大隊一〇〇〇人と海軍の第一六大隊の第三、第四中隊五〇〇人は、大収容所「四キロ収容所」に統合された。これは第七大隊が当初収容された古い収容所とはコルィマ街道を隔てて反対側にあった。他の収容所から送り返された病弱者を含めて約一七〇〇名の規模になったという。

以後、四キロ収容所はマガダン地区の日本兵四〇〇〇人の実質的な本部機能を担い、第二〜第四収容所の病弱者を受け入れ、健康者を代わりに出す「入れ替え補給基地」となった。収容人数は、多いときで二六〇〇名前後にもなった。第七大隊長の山田四郎中尉が「大隊群長」として全体を統率した。「大陸」流にいえば、第八五五収容地区大隊長だろう。

その後も、四キロ収容所には、第二収容所の主力・村上大隊が移動するなど（昭和二一年一〇月）、日本人は徐々にマガダン市に集められたようである。

マガダンの収容所暮らし

自身は「ソ連とはろくな戦争もしていない」のに、占守島から第七大隊員としてマガダンへ連行された丹波伝吉は、「飢えと、寒さ、そしてシラミや南京虫と戦いながら、過酷な重労働」を余儀なくされた。以下は丹羽伝吉の手記『苦しかった戦後シベリアの生活』による。

最初はブロック工場での煉瓦造りだった。石炭殻と石灰を混ぜて煉瓦を造るのである。慣れない重労働に日本兵はドンドン倒れていった。

食事は当初、日本食だったが、そのうち黒パンとオートミールやコウリャンのカーシャ（粥）になり、日本人の体に合わず下痢をすることも多かった。塩魚がつくこともあった。また、昭和二三年の春のようにトウモロコシの粉のパン、カーシャもスープも大豆という食事が二週間も続いた事があった。これは冬季の備蓄不足のせいだった。

四ヵ月後、煉瓦工場から建築現場にまわされ、七号ドームで煉瓦積みをしたが、「何処の現場へ行っても重労働と、空腹」がついて回った。飢えを癒すため、雑草や野草、死んだ犬の肉まで食べた。

日本兵の軍服、軍靴はマガダンの寒さに通用しないので、ソ連製の綿入れ上衣やフェルト製の靴が支給された。

やがて死者と墓穴の話となる。

日本人も段々死んで行く人が多くなって来ました。夏から秋にかけて、土が溶けて居るうちに埋葬用の穴を掘っておかなければならないのです。私は穴掘りに行ったことは有りませんが、自分が入るかも知れない穴を掘るのは全く哀れで惨めな思いをするそうです。日本人でもロシア人でも死んだら着てる物は全部脱がされて丸裸にして死体安置所に積んでおくのです。まるでマネキン人形が積まれて居るような光景だそうです。何体か溜まればトラックに積んで夏に掘った穴に持って行き埋葬するのです。

脱がされた着物は捨てることなく使える物は全部再利用するのです。我々は一度も新しい物を貰った事が無いから、死体からはがした衣類は巡り巡って回って来て着せられて居たと思います。

(丹羽伝吉『苦しかった戦後シベリアの生活』)

ソ連は唯物論の国だから、死体も衣服もただのモノとしか扱わない。生前によく着用していた衣服や死に装束をまとわせて丁重に葬送する日本人の習慣からは、死者を裸にして埋葬し、その衣服を再利用することに違和感を覚えるのは当然だっただろう。

差別給与支給問題

食事について、マガダンでは昭和二一年五月から「差別給与」が指令されたと三上一次は記している（三上一次『1945~1949・マガダン』）。これは、シベリアでは「ノルマ給食」と呼ばれたものである。じつはノルマ給食制を規定した内務省命令が出たのは昭和二一年一一月である。その目的を「捕虜の労働生産性向上を刺激するため」と明示して、ノルマの達成率に応じて食料を増減するものだった。

日本語に定着しているロシア語の「ノルマ」は抑留者が持ち帰ったもので、もともと「各人に割り当てられた基準作業量」を意味する。

ノルマ達成率	パン	米・穀粉	ジャガイモ・野菜
（兵・下士官用基準	三五〇	四五〇	八〇〇）
a　八〇%以下	二五〇	三五〇	六〇〇
b　八〇~一〇〇%	三〇〇	四五〇	七〇〇
c　一〇一~一二五%	三五〇	五〇〇	八〇〇
d　一二五%以上	四五〇	五五〇	一〇〇〇

これはきわめて非人間的な制度だった。体力がない人や衰弱した人、病気や怪我の人はノルマを達成できないことで食料を減らされ一層衰弱する、という悪循環に陥るし、たとえ体力があっても、無理してノルマを達成しようとすると、増量があっても結局のところ身体をだめにする結果を招くからである。

ノルマは労働の種類によって達成難易度がかなり違っているので、一律に達成度で計るのは合理的でないうえ、集団作業で個人に差をつけるのも無理がある。

さらに非人間的なことに、収容所に支給される食料の総量は一定だったので、実際の運用では増量分は他人の減量分から当てられることになり、つまりは「同胞相食む」という無残な結果を招くことになった。

マガダンでは日本人抑留者がバラック代表者会議を開いてこの問題を検討した。その結果、差別給与には絶対反対で、棚上げにすることにした。しかしソ連当局はあくまで実施を強要してくる。そこで、「盥回《たらい》し方式」でしのぐことにした。パーセント通りにa、b、c、dにわけて支給し、その食券を第一日目はa、第二日目はb、第三日目はcというふうに順次「盥回し」にして、全員に平均した食事を支給するのである。

このノルマ給食制は、一年後の昭和二二年一二月の内務省命令によって廃止されたが、マガダンでは最終的に当局により廃止を命じられたのは、昭和二三年の春だったという。

家屋の建設

話を戻すと、第七大隊の主な作業は家屋（ドーム）を建設するための基礎土木工事と、建築作業だった。日本人は第二児童コンビナート（女囚が生んだ子供の養護施設）、劇場、四階建アパートなどを建設した。

四階建のアパートは鉱滓煉瓦造りで、帰国までに九棟も建てたといわれる。そのうち最大のものは八四室の四階建で二一五メートルもあり、文化休息公園の向かいにあった。七号棟のあと一五号棟の建設に従事した丹羽伝吉は、シベリアで一番苛酷で辛い現場だったところう記している。

永久凍土が三メートルあるので基礎は三メートル五十センチ掘って基礎を築いて来るのです……土がカチンカチンに凍って居るのでツルハシで打ち込んでも受け付けません。火花が出てはじき返されるのです。したがって、タガネか鉄棒で少しずつ削るようにして掘って行くのです。春先までに仕上げてブロックを積む様にしなければならないので、昼夜三交代でやりました。一番方は朝八時から五時迄九時間、二番方は五時から一時まで八時間、三番方は一時から八時まで七時間、と三交代です。一二月から二月末位までに仕上げるのですが、日中で零下二十度から二十五度、三十度です、それに風が吹いたり、吹雪いたりしたら、体感温度は五十度にも六十度にもなるのです……北海道で育った私ですが、この現場でとうとう凍傷にかかりました。（丹羽伝吉『苦しかった戦後シベリアの生活』）

丹羽はタガネで削るようにして掘る凍土、三交代作業、マロース（酷寒）のなかでの深夜労働のせいで「夢遊病者」のようになったと回想する。

一番方はまだ良いのですが、二番方、三番方は夜の作業なので、日中に休むのですが、明るいのと雑音が入って眠られないのです。寝不足と寒さ、そして空腹で疲れが益々たまって夢遊病者の様になってしまいました。作業に行くときも帰りも前を歩いている者の足元を見て、ただ黙々と歩くだけです……夜間作業は二、三週間で交替するから、何とか生き延びることができたけれども、もう少しでオメライ（死亡）するところでした。

（丹羽伝吉、同前）

丹羽は生き延びたものの、頬には凍傷の跡が痣《あざ》のように黒く残った。鉱山では三交代労働が普通だったが、マガダンでは家屋の建築作業、倉庫荷役、ヴィショーラヤ港築港作業でも三交代労働が強制された。完工時期に迫られて実施した事情もあるようだが、建築・荷役での三交代労働はシベリアでは珍しいことである。

ナガエヴォ港の荷役作業

港収容所に収容された第一六大隊は、アラスカから占守海峡を通って送られてくるアメリカの武器貸与法《レンドリース》にもとづく援助物資や、大陸本土からの食料などの荷役作業に駆り出された。港はマガダン市内から二キロほど西にあり、数千トンの貨物船が二、三隻接岸できる埠頭があった。すぐ山が迫っているので倉庫は少なく、船からウインチで直接トラックに積み込んで倉庫群のある市街地へ運ぶのである。

七〇キロから一二〇キロの物資を船倉の隅から中央まで運ぶ重労働。吹雪も増え、気温もマイナス三〇度近くに下がり始めると凍傷の恐れがあった。「食料の不足から体力の消耗がはげしくなると収容所内の温さは消えてしまい、所内は火が消えたようになっていった」。酷寒と重労働と飢えというシベリア三重苦によって、収容所内の雰囲気が変化していったのである（矢吹三三『凍土の四季』）。

結氷前のこの時期は船の入港も多くて作業が多かったが、一一月に入って港が結氷すると、前述したように港収容所は閉鎖され、約五〇〇名の日本兵は三九キロ地点とハスイン炭鉱へ分割転送されたのである。

ナガエヴォ湾の汽船大爆発事故

港の冬季閉鎖も間近い近い昭和二二年一二月一九日、ナガエヴォ湾を航行中の汽船ゲネラル・ヴァトゥーチン号とヴィヴォルグ号で火災が発生し、大爆発事故を誘発した。

海軍通信隊の秋元清一によると、船が入港してきて煙突から赤い焔が吹き上がっていた。桟橋の手前約一〇〇メートルで「突然、ドカーンと大音響が上がった。船が爆発したのだ……爆発は再三にわたり、そのたびに音が大きくなるばかりだった……爆発と同時に起きた船の振動で大津波が発生し波止場に海水が流れ上がってきた……大怪我をした者や死体、建物片があちこちに転がっていた。うめき声、血、破壊された建物、それはまさに地獄絵図だった」（秋元清一「ヴィッショラヤ港建設」）。秋元は「幸いに日本人には被害がなかったようだ」として日本人に死傷者が出たこと（後述）を知らなかったから淡々と記すが、もし知っていたら同胞の不意の受難に心を痛めたに違いない。
積荷として数千トンものアンモナル（硝酸アンモニウム、トリニトロトルエン、粉末アルミニウムを混合した爆薬）を積んでいたことから大爆発、大惨事になったとされる。港の倉庫や建物、住宅にも飛び火するほどだった。
この事故に日本人も巻き込まれた。ハランスキーによると、当時の医学的報告には日本人の負傷者について次のように記されているという。

ナガエヴォ湾の事故のとき働いていた日本人捕虜のうち五一人が被災し、そのうち重い外傷が六人、中程度の外傷が一五人、軽い外傷が三〇人だった。被災した捕虜のうち一七人が入院した。重い外傷者六人のうち四人は手足の骨折で、二人は頭部外傷だった。怪我人を除いて二人の日本人が死亡し、屍体はマガダン病院の屍体安置室に運ばれた。犠牲者の名前は三九歳の兵長ハサヤカ・キサシと二七歳の上等兵イマン・カズヨシだった。二人の埋葬は一九四七年一二月二五日の夕方、古いマガダン墓地で行われた。

異郷で不慮の死を遂げた二人は「早坂久」と「今井和儀」である。いずれも一九四七年一二月一九日死亡と、事故当日の日付が記されている。果たしてマガダンで発掘された一八柱の遺体には含まれていたのだろうか。

地獄から天国へ

ここまでマガダンの苛酷な側面に言及してきたが、必ずしも地獄のマガダンと思わなかった人もいた。竹下大隊所属の里見秀雄である。

里見は第三収容所のカザリンカに配置されたあとハスインで地獄のような伐採作業をやっていたが、昭和二二年一〇月に衰弱者の帰国要員として、マガダンに戻された。ところが、帰国組四五〇人の人選からは洩れて、四キロ収容所で海軍の人と働くことになる。それでも奥地の伐採作業と比べると、「マガダンこそは天国と誰しも望む憧れの街だった」（里見秀雄『マガダン、雑記』其の二）。つまり、奥地とマガダンでは作業にそれほど大きな違いがあったのである。

里見の手記をもとに、抑留三年目に入ったマガダン第一収容所の様子を描いてみよう。

マガダンに来て先ず驚くのは電気だ（電灯）。夜も明るく夜通し付いてある。北千島以来（二年半）、カザリンカ、ハッセン（約二年）薄暗い手製のランプ暮らしで過ごして来たので、始めは眩しく明るすぎて寝つかれなかった、こんな明るい処に休むなんて始めてでもあり軍隊生活でも消燈があって暗くする……寮の人達の雰囲気は別世界の葉な元気溌刺で奥地の疲労し衰弱した仲間達とは比べにならない違いだ。

（里見秀雄『マガダン、雑記』其の二）

作業は三交代制でまず五号倉庫の荷役だった。ここは魚類の倉庫で塩鮭、塩鱒、鰊、カニ缶などが蓄えてあり、米国製のダイアモンド・トラック（一五トン車）に積み込むのである。六〇キロぐらいの袋をかつぐのは重労働だが、役得もあった。塩鮭などを現地で食べたり、綿入れ上衣やズボンの物入れに隠して収容所に持ち帰るのである。たとえ不正であれ、何かと食べ物を得られるのも奥地と違うところだ。ただし出入口での所持品検査で見つかると、懲罰隊送りで石切り場の危険な重労働に回される恐れがあった。

発熱して作業休となり医務室で一四日間寝たあと、作業に復帰したものの力が入らず肋膜炎と診断され、今度は入院となった。結局、四〇日間、いくらかよい食事をとりながら過ごす。このように病弱者がすぐに入室、入院できるところも奥地とは大違いだった。

抑留（捕虜）生活も苦難の二年も何とか過ぎた……食事も少しずつでも改善された様な気もする。後は待望のダモイだけだ。ソビエト側では、話によると私達も一般市民扱いになる様な事で働きによって（ノルマ達成）俸給が支払われる様になった（但し最高百五十ルーブル）……マガダンにはビール工場があって働きにいった者達はビールは役得で飲めることもあり他の現場の者は羨ましかった……［ビヤ樽が］ラーゲリに到着すると金のある者は買う様連絡あり飯盒やバック（食缶）を持って買い求めた。

（里見秀雄、同前）

抑留二年を過ぎて、それまではただ働き＝奴隷労働を強いられた抑留者も、ノルマを一〇〇

％達成すれば賃金が支払われるようになったのである。わずかであれ賃金を手にした者は黒パンだけでなくビールさえ買って飲めるようになる。

だが、昭和二三年八月末、一瞬の油断で運命が変わってしまう。倉庫の荷役作業をしていたとき、仲間が不意に右の物入れ（ポケット）にビスケット三枚を入れていった。くすねた食料の分け前だった。作業終了後はロシア側の身体検査がある。

突然ロスケが近づいて物入れを探し中のビスケットを取り上げた。万事休す……証拠物件が明白な現行犯では弁解の仕様も無い……ブリガジール［班長］始め皆は、事後処理は見付かったのは運が悪いから罪は独りで負担して皆の事は黙って白状しない様にしてくれと、嘆願する様に教え込まれた。

（里見秀雄、同前）

里見は懲罰隊送りで石切り場の危険な重労働にまわされるのを覚悟していたが、意外にもヴィショーラヤ港送りとなった。

ヴィショーラヤ港の建設

住宅にまで被害の及んだナガエヴォ港大爆発事故の教訓から、当局は、スタリツキー半島を挟んで反対側（東側）、つまりゲルトネル湾に臨むヴィショーラヤ（「楽しい」という意味）に「危険物専用港」を建設することを決定した。むろん労働力は日本人である。

昭和二三年六月ころから新港の建設が始まり、航行期に間に合わせるため、昭和二四年三月末の完成を目指した。昼夜三交代制の突貫作業であった。

九月からヴィショーラヤ港の建設に従事した里見秀雄は、港湾建設について詳細な記録を残しているので、それにより概要を記したい（里見秀雄『マガダン、雑記』其の三）。

波止場（桟橋）はまず建設予定地の厚く凍った氷を爆薬で破砕して、桟橋を造る海面を確保する。そこに木工場で加工した丸太材で大きな枠を作り、その中に碁盤目状に柱を組み立てていく。それを反対側の氷上から手動ウインチで牽引して海面に落すのである。

つぎに、ダンプカーで運んできた岩石を海中に沈めた丸太枠に隙間なく埋め込んでいって、桟橋を固定する。夜間を含む二四時間の突貫工事は、非常に危険な作業でもあった。

桟橋は昭和二四年夏に完成した。沿岸道路など付帯施設を含めて、危険物専用港ヴィショーラヤ新港は、日本兵が苦闘のすえ建設した、大規模な施設であった。

2　第二〜第四収容所

マガダン市内にあった第一収容所と違って、第二〜第四収容所は一〇〇キロ圏内の奥地にあったので、寒さも一段と厳しかった。宿舎はおおむね幕舎のテント暮らし、伐採や道路工事、炭鉱作業の重労働に従事するなど、マガダン市内と比べて条件はかなり劣悪だった。

①第二収容所（マガダン街道沿い八七キロまで）

第九一師団第七三旅団通信隊の長峰泰夫によると、村上大隊を主体とした第二収容所の第五大隊一〇〇〇人は、コルィマ街道の拡幅工事を命じられたという。七メートル幅の道路の両側を一メートルずつ拡張して九メートル幅にするのである。マガダンを起点として八七キロ地点のパラートカまで四区間に分け、それぞれ一中隊二五〇人が一区間を担当した。

我々五大隊四中隊は、一九キロの道路標識の少し手前のところで下車する。新しい三棟の布製幕舎が建っている。ほかに炊事の棟がある。この季節になると日も短くなっていて、冷え込みも増しているように思える。それぞれ割り当てられた棟に入り、荷物を整理する。

（長峰泰夫「太平洋戦争とマガダン抑留記録」『シベリア強制抑留者が語り継ぐ労苦』Ⅲ）

長峰らはまず幕舎の整備作業から始めた。一九キロ地点の本部は三棟の幕舎からなっていたが、テントでは寒くて眠れないので外側に丸太を積み上げて保温を高めた。つぎに望楼を建て、周囲を有刺鉄線で囲ってみずからの収容所を作り上げた。こうした整備作業に一ヵ月もかかったという。

道路拡幅作業、除雪作業

コルィマ街道脇の永久凍土に鉄棒で穴をあけ、ダイナマイトで爆破して得た土で埋め立てる。

マガダンは鉱山開発の中心地だけに、場所によっては、ダイナマイトがふんだんに使えたのだろう。使う道具はスコップとつるはしと一輪車で、すべて手作業である。

寒さ対策で目いっぱい着込んでいるから動作も鈍くはかどらない。「なれない食事、作業、寒さで体力を消耗して、栄養失調者がじわじわふえていった」。

一二月になると除雪作業も始まった。スコップで雪を道路の両側に寄せるか放り投げるのである。冬期間の食料などの物資輸送確保のため、コルィマ街道の除雪は至上命令だった。凍傷の危険と隣り合わせの、夜の長い除雪作業について長峰はこう記している。

特に記憶に残るのは、十二月三十日の夜中に起こされ、四〜六キロの地点の除雪に行かされたときである。強風と寒さの中で、二・五メートルくらいの高さに雪が吹きたまり、雪を投げても投げてもすぐにたまり、お手上げの状態であったのに、手を休ませてくれない。顔を風上に向けたら、目も明けられない。手もかじかんでラパータ［スコップ］を持つこともできない……その瞬間、監督が雪をすくい、私の鼻を雪でごしごしさすってくれた。鼻の先が凍傷で白くなっているという……夜中に起こされ、飲まず食べずに約十時間、吹雪の中を動きまわったが、こんな苦しい経験は初めてであった。

（長峰泰夫「太平洋戦争とマガダン抑留記録」『シベリア強制抑留者が語り継ぐ労苦』Ⅲ）

もちろん長大なコルィマ街道を人手ですべて除雪することなどできないので、ロータリー式の除雪車もあった。

冬の間は道路作業と除雪作業の繰り返しだった。そして昭和二一年一月に寒さと栄養失調で最初の犠牲者が出た。三月になると長峰自身を含めて、四四名がオーカー（保養班）となった。全体の一七％にもなる。オーカーは三〇キロ地点の保養班へ送られた。

ＯＫ《オーカー》とは衰弱者のための保養班で、基本的には休養して回復を待つためのものである。重労働と酷寒と貧しい食事に苦しめられた抑留者は誰しもが、むしろＯＫになることを望んだ。

オーカーでのよい食事と休養のおかげで健康を回復した長峰泰夫らは、六月からは道路清掃や道路補修作業に駆り出された。作業を早めに終えて松の実とキノコ採りをし、トラック運転手に掛けあって黒パンと交換することもできたという。

フレップとヤーゴダ

第二収容所に限らず、日本人はいつも飢えていたから、手当たり次第に何でも食べた。

しかし冷涼なマガダンでは、目ぼしい作物はあまり育たなかった。そうしたなかで、日本人を喜ばせたのは、フレップ（コケモモ）だった。フレップは湿地帯に群生する五〜六〇センチの低灌木で。秋には小さな赤い実をつける。作業の合間や仕事帰りに採取したこの甘酸っぱい赤い実が、日本人の貴重なヴィタミン源になり、残りはロシア人に売ることで資金源にもなった。

大体、このフレップの群生地は人が入らぬ山間の低湿地帯にあるので、それを発見するのは甚だ難しいが、幸いに、私たちはこの条件にあった地域に放り出されていたから比較的楽に、その場所を探り当てることが出来た……休日にしても、体力温存を重視する者は専ら寝そべって休養を取っていたが、栄養補給と現金収入を図ることに熱心な者は、朝早くから採取に出かけていくほどだった……喰べながら採り、採りながら喰べる。種があるか無いか、幾らでも調子よく腹に入ってゆく。それから徐《おもむろ》に自己処理用、売却用の分を採り始めるのである。

(三上一次『1945~1949・マガダン』)

三上はこのように、あたかもピクニックに行くかのようにフレップ採取を語るが、もちろん飢えていたからこその所業であったろう。

ヤーゴダもまた貴重なヴィタミン源だった。ヤーゴダはイチゴなどの漿果《しょうか》で、乾燥した高地に這う蔓草《つるくさ》状の常緑植物である。緑色の実が降雪のたびに赤くなり、甘味と酸味が増す。フレップより時期が遅く、雪の中でも実は落ちない。フレップやヤーゴダの可憐な実が、栄養を補うだけでなく、彼らの心をどれほど潤したことだろうか。

第二収容所（第五大隊）の日本兵はまた、マガダン市から八七キロ地点のパラートカまで「ガソリン油送管」を設置した。アメリカの援助物資である直径二〇センチ、長さ六メートルの鋼管を延々とつないだものである。コルィマ街道を走るトラックにガソリンを供給する重要な設備であった。

第一収容所から三九キロ地点の伐採地へ

地獄の苦しみを味わうことになったのは、三九キロ地点へ転送された第一収容所の第一六大隊第一中隊の二五〇名である。昭和二〇年一二月八日、この人たちは他の第二収容所の人たちとは違って、道路作業ではなく伐採作業に従事させられることになった。

急造のバラックに入れられるやいなや、すぐに伐採作業に駆り出された。

二人挽きの鋸と斧で落葉松を切り倒す。俗に「樵《きこり》の一升飯」といわれるように、伐採は大変な重労働である。それが「朝は一椀の雑穀のお粥と、こぶしくらいの黒パンとスープ、昼は何もなく、夕は朝同様のお粥とスープ、三日か四日毎に角砂糖五、六ヶ」という粗末な食事で、「一人残らず骨と皮ばかりになってしまった」（矢吹三三『凍土の四季』）。

半年後の昭和二一年五月末に身体検査があった。身体検査といっても、痩せこけた尻の皮をつねって労働能力を判定する簡便法である。この時点で、約半数が虚弱者として四キロ収容所へ送られた。その時の様子を受入側にいた三上一次が、「生きている人間とは思えぬ者ばかり」と記したことは前述した。それだけではなく、第五、第六大隊からも同時期に二〇〇名ほどの衰弱者が送り返されていたのである。

同じ伐採作業でもうまく作業成績を上げた場合もあった。丹羽伝吉は昭和二三年一二月、第一収容所から三二キロ地点へ七〇人の小隊長として移動を命じられた。直径一〇センチ～一五センチの細い木の伐採だったが、ソ連特有の二人引き鋸では能率が上がらない。そこで日本人に合うように、この鋸を二つに切って一人引き鋸に変えたところ、一〇〇％を超えるノルマ達成ができたのである。

食料事情が改善していた時期でもあり、ドラム缶での入浴方式を一週間に一度実現したことも能率向上に役立った。翌年三月には数人の故障者を出しただけでマガダンへ戻ることができた（丹羽伝吉『苦しかった戦後シベリアの生活』）。

第三収容所のハスインでも、日本式に改造された一人引き鋸が使われた、と里見秀雄が記しているのでマガダン全体に広がっていたらしい（里見秀雄『マガダン、雑記』其の一）。

村上大隊の赤間武史によると、第二収容所は昭和二一年一〇月に第一収容所へ全員移動したと述べている。


最初は「もしや、日本に帰国させられるのでは？」と、都合のよい判断をしたが、間もなく第二収容所全員がマガダンに移動し、第一収容所と合流するのだと判った……いつ帰されるのか、いつ帰れるのか、帰国の夢もはかなく経たれてしまった私達は、やや絶望的に、動物本能丸出しの行為が日毎に目立ってきた……そこには手段がなかった。かつての戦友さえも犠牲にして乗越えようとする、容易なものでない、むずかしさを充分承知しての結果なのだ……だからこの二百高地の収容所から移動されることには、誰一人不服はなかった。

（赤間武史『マガダン強制収容所』）

赤間は第一収容所への移動で「幾分でもましな世界」があることに希望を託していた。
ともあれ、これで四キロ収容所は当初からいた一五〇〇名に加えて、奥地からの衰弱者や第二収容所からの撤収組で約二六〇〇名の大部隊にふくらんだ。

②第三収容所（マガダン街道四七キロから分岐、森林鉄道八三キロまで）

森林鉄道はマガダンからコルィマ街道沿いに走り、四七キロ地点ウプタルで街道から左にそれ、八三キロ地点のハスィン（抑留者はハッセンと呼んだ）へ至る。

竹下大隊が主力の第六大隊一〇〇〇人はこの鉄道沿いに分散配置され、主に伐採の重労働に、一部は鉄道の貨物荷役に使役された。後に主力はマガダンのヴィショーラヤ港の築港作業に従事した。

マガダンに近い方からカザリンカ、スプラヴナヤ、フタロイ、ハスィンに配置された。のちには一部がスプラヴナヤの南、ジマビョウに移動した。大隊本部は当初はフタロイで、昭和二一年四月頃、病弱者を四キロ収容所へ移送させたあと、スプラヴナヤに移転した。フタロイとスプラヴナヤはバラック住まいだったが、カザリンカとハスィンは幕舎だった。

竹下大隊の主計曹長だった川森正二はハスィンの様子をこう述べている。

ハッセン収容所は電灯は無く幕舎のランプ生活。零下30度または40度にも下がる（零下30度に下がる時は作業中止）なか十分な暖房を取る事も出来ず睡眠も不十分での不馴れな苛酷な伐採作業。特に臼砲隊は「関西出身者が多く」寒さに弱い関係もあり、最初の冬で死亡者、凍傷患者、栄養失調患者が続出最悪の事態となる。作業員はさながら地獄の形相を思わせる日々であり、誰言うとなしハッセン地獄と噂されるようになりました。

（川森正二「部隊編成後の経歴」）

零下三〇度以下の酷寒でのテント生活であり、伐採の重労働で「ハッセン地獄」といわれる悲惨な状態となったのである。このため翌昭和二一年春には、病弱者をマガダンの四キロ収容所へ移送し、代わりに健康な日本兵が投入された。

ハスインでものちに「民主運動」が盛んになり、川森らは「反動分子」として吊し上げられたあげく、後述するチョルブハの懲罰収容所へ送り込まれる運命をたどることになる。

占守島訓練台でソ連軍と死闘を演じた里見秀雄は、五七キロ地点のカザリンカ（現モローチナヤ付近）へ森林鉄道で移送された。以下は里見秀雄の手記『マガダン、雑記』其の一による。

第三中隊には幕舎二棟とバラック一棟（隊長室、医務室）が割り当てられた。外壁に凍土を積み上げたとしても、テントでは寒さを防げない。ドラム缶ストーブと石油ランプの生活だった。「ドラム缶ストーブを全体真っ赤にして夜通し焚いても幕舎の天井の布地は朝には真っ白く凍り付いている」ありさまだ。幕舎は「寒い冷蔵庫」のようだった。

翌日から伐採作業に駆り出された。作業ノルマは体格検査によって、一種は四・二㎥、二種は三・七㎥、三種は一種の半分、といった具合だが、ノルマを達成するのはきわめて困難だっ

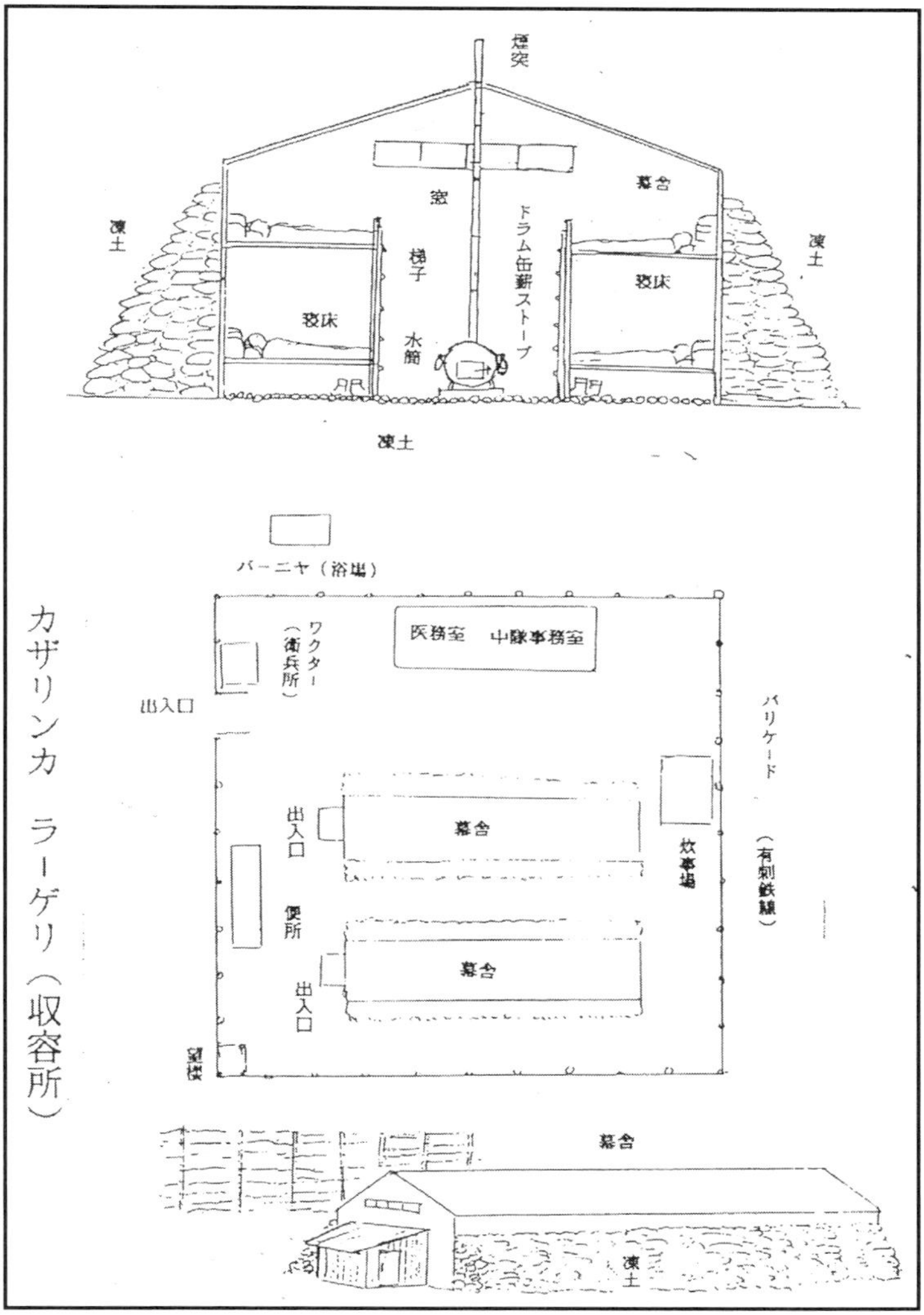

カザリンカ収容所と幕舎（里見秀雄『マガダン雑記』）

た。

酷寒《マロース》の時期にはソ連製の防寒着や防寒靴が支給され、ありったけのものを着込んで仕事をしたが、それでも凍傷を防ぐのは難しかった。

伐った落葉松は斧で枝を払い、二メートルに切りそろえて一メートルの高さに積む。木の太さや密集度によって作業の結果が左右された。慣れない伐採作業でノルマに追われ、空腹、疲労、寒さの連続で次第に痩せ衰えていった。

里見の文章からは限界状況のすさまじさが伝わってくる。

弱ってくると歩くだけでも容易でない雪道を一列になって行進して行く中、突然パタリと横倒しになる者も一人、二人と現れてきた。衰弱と疲労が重なり目まいでもするのか、衛生兵が付き添い帰った。皆同じ境遇だ、明日は吾が身か。倒れてもいいゆっくり休みたい。やっとの思いで現場に着けば、伐採ノルマが待って居る。それでも全身全力で作業以外脇目もふらず、力の限り頑張るだけだ。連日のノルマの重圧に体力の限界はとうに過ぎたようだ。ＯＫも多くなり、練兵休患者も多くなって休業者（ニーラボータ）が増えて働ける人達が減って来た。

（里見秀雄の手記『マガダン、雑記』其の一）

こんな状況で里見は帰国の希望も日増しに薄れ、「死んだ方が楽かもしれない」とさえ思うようになる。

伐採、貨車積込み、草刈などで衰弱が進み、体力の限界を感じていた里見は、幸いにも医務室当番を命じられる。「助かった」と思ったという。屋外作業と違って患者の世話、掃除、洗濯、雑役は比較にならぬほど楽だったからだ。

里見は昭和二二年一〇月には「三級以下はダモイ（帰国）」といわれて森林鉄道でマガダンへ戻ることになるが、帰国はかなわず、前述したようにヴィショーラヤ港の建設に従事した。秋元清一は昭和二三年晩秋に大隊本部のあったスプラヴナヤからヴィショーラヤに移動して桟橋建設に加わったと述べているので、このころ第六大隊主力はマガダンに移動したのであろう（秋元清一「ヴィッショラヤ港建設」）。

③第四収容所（八二キロ、ハスィン炭鉱）

第四収容所は第三収容所のハスィン（森林鉄道終点）とは別の場所である。こちらのハスィン集落は、マガダンからコルィマ街道で七七キロ地点（パラートカまで一〇キロ）の左側を流れるハスィン河岸にあった。鉱山開発のためにできた集落である。

ハスィン炭鉱は集落とは街道を挟んで反対側の山間にあり、一九三九年から採掘が始まった。灰分の多い褐炭のため工業用にはならないが、マガダン市の燃料用として生産され、ボイラー室で薪とともに使用された。

昭和二〇年一二月、ここハスィン炭鉱に日本兵を乗せたトラックが到着した。第一収容所の第一六大隊のうち、第二中隊約二五〇人である。海軍第五一警備隊にいた白土勝雄は、酷寒のなか二時間ほどのトラック輸送で凍傷にかかり「手足の指を切断した仲間が何人も出た」と記録している（白土勝雄「マガダンまで連行されて」『捕虜体験記』Ⅳ）。トラックでの移動からして苛酷なものだった。

小山の上に収容所があったが、これまた幕舎が三棟だ。零下四〇度を下回る酷寒の地でテント暮らし。翌日から炭鉱作業が始まった。

白土と同じ海軍第五一警備隊にいた岡田正教も、ナガエヴォ港で荷役作業をしたあとハスイン炭鉱に送られた。

採炭は地下にある炭鉱脈に発破をかけ、崩れ落ちた石炭をトロッコに積み、地上に運び出す作業で、三直制（各直・八時間労働）になっていた……裸電球が灯っているが、数が少なく暗いため、手提げランプを使用した。ランプは空き缶に重油を入れ、灯口にボロ布を出して燃やす粗末なものだった。こういう訳で、作業を終えて帰るころになると誰の顔も手も油煙で真黒になっていた。

（岡田正教「ポルト作業…ハッセン炭鉱…マガダン」）三上一次『1945〜1949・マガダン』）

重油ランプだと、白樺を燃やしたランプと同じく煤で真黒になる。「鼻をかめば真黒な鼻汁が出る。痰をはけば真黒い痰がでる。私は、あれから四〇年近く経った現在でも慢性気管支炎で苦しんでいるのも、その時の後遺症ではないかと思っている」（白土勝雄「マガダンまで連行されて』）。炭鉱の保安設備は皆無に等しかった。こういう劣悪な環境では事故が避けられない。

採掘された石炭は、手提げランプの灯りをたよりに選炭場まで運ばれるのだが、坑内整備がやられないため地盤沈下を起したり、坑道の支柱が歪んできたりで、トロッコと支柱の間に手を挟んで負傷する者が少なくなく、ときには頭を挟まれ、頭蓋骨陥没のため死亡する仲間もあった。ノルマを上げるためには、われわれ捕虜の生命など犬猫と同じだったのである。

（白土勝雄『マガダンまで連行されて』）

白土は二度目の冬に入る前に、体を悪くしてハスィン炭鉱を出たのだが、もう一年ここで越冬していたら、「生きて日本の土を踏むことはできなかっただろう」と振り返っている。

三年余りにわたって、「このハッセン炭鉱で厳寒と闘い飢渇に耐え重労働と屈辱に生きぬき気息奄々としてきた」岡田正教は、昭和二四年春、マガダンに戻された。今度は沈没船の積み荷を引き上げる作業に従事することになった。おそらく第四収容所はこのころ閉鎖されたのであろう。

すでに終戦から三年を過ぎていたが、占守島で日本軍最後の地上戦を戦った元兵士たちは、その戦闘を称えられるどころか、極寒の地でいつ終わるとも知れない強制労働に耐え続けていたのである。

3　懲罰ラーゲリ

マガダンの「民主運動」

マガダンでも「民主運動」は、「大陸」と同じような経過をたどった。このことが、マガダン第八五五収容地区もじつは内務省（ＭＶＤ）捕虜抑留者管理総局（グプヴィ）の管理支配下にあったことの何よりの証左となる。シベリア「民主運動」は、日本人捕虜の自主的な運動の形を取りながら、内実は内務省の政治部将校が主導したものだったからだ。

第一章でも触れた日本兵向けの宣伝新聞「日本新聞」が第一収容所内では昭和二〇年一二月に、第二収容所では少し遅れて昭和二一年三月に配られた。この「日本新聞」は抑留日本兵の思想教育を目的とした宣伝、扇動紙であり、シベリア「民主運動」を領導する役割を果した。赤軍の政治部将校が日本人アクチーヴ（活動分子）の編集部員を厳しく指導していた。

紙面にはソ連の礼賛、共産主義の宣伝、日本軍国主義や天皇制の批判などが載せられた。当初は、煙草の巻紙や便所紙に使われることが多かったが、閉塞した状況にあり、日本語の活字に飢えていた下級兵士には「日本新聞」が浸透しやすかった面も確かにあった。

抑留当初、ソ連当局は、旧日本軍組織（大隊本部）を利用して日本兵を管理しようとした。軍隊組織というのは管理するのにうってつけだったからである。だが、それと同時に「日本新聞」を発行して「民主運動」を使嗾《しそう》した。「日本新聞」友の会をつくらせ、アクチーヴ（活動分子）を養成し、反軍・反日的民主グループを誕生させたのである。

このような「民主運動」を指導したのが、内務省の政治部（政治将校《コミッサール》）である。政治将校は捕虜に対する宣伝工作、文化工作、イデオロギー工作を行った。反ファシスト活動を教唆扇動し、政治講習会を開いた。政治将校は収容所では所長に優る権力を持っていて職員にも怖れられる存在だった。分断支配が相手を無力化するのに有効な方法だと知りつくしていたのである。

次第に民主派が育ってくると、旧軍組織の幹部である将校を追放して、民主派に主導権を取らせようとした。民主派は、初めは知識層などが中心だったが、ソ連当局は昭和二三年ころから労働者・農民に主導権を取らせようとして「反ファシスト委員会」をつくらせた。それとともに運動は次第に過激化した。「反動」「戦犯」追及や吊し上げ、激しい生産競争などが行われるようになり、収容所内が陰惨な雰囲気に支配されていく。

丹羽伝吉によると、第一収容所では昭和二三年になって「民主運動」が活発になったという。軍隊の階級制度が廃止され、青年行動隊が組織された。本部の幹部が解任され、反ファシスト委員会が主導権を握った。毎晩のように思想教育（共産主義教育）がなされた。このころ食料事情も改善されたが、職場対抗の生産競争（労働強化）も激しくなった。成績が悪いと批判され、吊し上げられた（丹羽伝吉『苦しかった戦後シベリアの生活』）。

「思想教育」と「労働強化」がセットになっているのがソ連の捕虜収容所の大きな特徴である。

三上一次は批判会や吊し上げについてこう述べる。

民主・反フ委〔反ファシスト委員会〕グループの巧みな誘導によって〝日本人俘虜集団〟が、目標人物の周囲をぐるりと取り囲み、その中に潜んでいるアクチーブ（日本人）なる者が、縁日の〝テキヤのサクラ〟よろしく糾弾の先鋒に立ち、台上に直立する目標人物を完膚なきまでに、その前身や入ソ後の言動を暴露・批判し、その果てには追放しろ！、殺してしまえ！等と喚き立てるのだった……こういった方式は、こういう人間追い詰めの習慣を持たぬ日本人に戦慄的恐怖感を植えつける効果満点の演出だった。

（三上一次『１９４５～１９４９・マガダン』）

シベリア各地で見られた吊し上げの光景が、マガダンでも現出したのである。収容所の主導権は次第に大隊本部から反ファシスト委員会に移った。

「戦犯」と懲罰隊

「民主運動」が活発化するのと同時に、その陰で昭和二三年春ごろから将校が、「戦犯」として拘留され始めた。「民主運動」と「戦犯」摘発は裏腹の関係にある。第一六大隊長萩本研中尉や第七大隊長山田四郎中尉、坂東宗光少尉などが逮捕され取調べを受けた。

摘発には日本人スパイの密告が利用された。内務省の秘密警察は収容所の至るところに密告網を張り巡らしていたのである。マガダンに限らずソ連の捕虜収容所全体で、昭和二三年から二四年にかけて日本人の「戦犯」摘発が行われていた。

たとえば、坂東宗光少尉は懲罰収容所と通称「赤い舘」を何度も往復したあげく昭和二三年九月に逮捕、翌二四年一月に一〇年の刑を言い渡され、マガダンのさらに北西二七〇キロのウスチ・オムチュグの囚人収容所に送られた。その後ハバロフスクに移され、帰国したのは昭和三一年一二月であった（三上一次『1945～1949・マガダン』）。

それと同時に、収容所内外での規律違反者の摘発が行われ、収容所内に有刺鉄線を張って隔離された「懲罰隊」に入れられた。ノルマ不遂行や食料の盗みなどが懲戒の理由になった。ソ連内務省の規定では、「仮病使い、作業忌避者、生産壊乱者、脱走の企図を持つ者、脱走者、ヴォール（盗賊）、規律の乱れた者……には労働日を増やし、より困難な作業地区に送り、追加食を奪う」と定められていたのである。

懲罰隊の人数は四～五人から一四～一五人と大きく変動したという。マガダンではナガエヴォ湾に面した石切場での危険な重労働が科され、早くて四、五日、長いと二週間も懲罰隊に入れられた。

懲罰ラーゲリ

収容所内の懲罰隊とは別に、所外の「懲罰中隊」に送られる場合もあった。三上一次は「懲治中隊」と呼んでいるが、普通は理由も告げられずに突然送り込まれる。

対象となったのは「所謂、反動・反ソと目された旧将校・士官・下士官・兵。前職が旧警察官・旧官吏・旧教育者か、理論があっても労働意欲がない者、労働意欲はあるが民主・反フ［反ファシスト］運動に非協力的な者、その他反民主のリーダーとなる可能性を持った者等」で、「戦犯」として裁かれた人とほぼ同じであった（三上一次『1945〜1949・マガダン』）。皮肉にも、「民主運動」のアクチーヴでさえ、懲罰収容所へ送られた者がいた。

懲罰隊と懲罰中隊は、裁判なしで重い労働を課す苦役収容所といってよかった。自作の小説を回覧したり朗読したりした赤間武史は、それだけで「不穏文書執筆」ととがめられ、昭和二三年三月、第一収容所から二三名のグループで、チョルブハ懲罰ラーゲリに送られた。チョルブハにはすでに四〇数名の日本人がいて赤間らの入所で七〇名ほどになったというから、この収容所はもっと以前に設置されたようだ。

到着時、懲罰収容所長はこう演説して作業を督励した。

私はこの収容所の所長、グレンコフ中尉だ。ここは目下日本将兵の戦犯や思想犯、労働放棄、作業サボ、その他で、マガダンにいてはこのましからぬ者と見做された者を収容する、いわば軽犯罪犯容疑者の懲罰収容所である。そしてまた時にはここから他のチョロマ（監獄）に入獄する場合もある。そんな所なのだ。故に、ここに廻された者は、何はともあれ、一に作業、二に作業、ただただ作業だけが今後を左右することになる。

（赤間武史『マガダン強制収容所』）

所長の演説は懲罰収容所の目的を正確に述べている。

チョルブハの冬季の作業について赤間はこう記す。


来る日も、来る日も氷点下四十五度、四十七度と続く、そして吹雪がともなう。風速二十メートルの日は、二十度の加算だ。だから体感温度は五十度、五十五度、時には氷点下六十度近いことすらある……昨日も凍傷患者が二名出た。今日も何名かの犠牲者が出ることだろう、そうして明日は自分かもしれないのだ。酷寒と空腹と疲労の連続に魂気《ママ》が耐え、地獄に引きづられるような死線をさまよう……腹を切って自殺を計る者、行倒れする者、発狂する者、僅かな懲治中隊収容所ではあったが、来る日も来る日も事故は絶えなかった。

（赤間武史、同前）


まさに「地獄」と呼ぶにふさわしい状況だった。

第一収容所にいた三上一次は昭和二三年一〇月末にチョルブハへ送り込まれた。そのころ五〇余名いたと記しているからこの収容所は五〇〜七〇人くらいで推移したのだろう。この間にも何人かは取り調べを受けていた。

ここでの伐採ノルマは一日四㎥だったが、三㎥がやっとだった。マロースのなかでの重労働でやがてみんな「イカレテ」きた。昭和二一年春に三上が第一収容所で見かけた、奥地から送り返されてきた人の姿そのものだった。薄い胸に突き出た肋骨、ふくれた腹、足のむくみ、「折れた釘が歩く姿」となった。

「民主派」の入所

昭和二三年一二月、意外なことが起こった。地獄のチョルブハに六、七人の反ファシスト委員会グループが送りこまれてきたのである。これには優良労働者も入っていたが、両者を合わせてここでは「民主派」と呼ぶことにする。彼らはもともと、三上たちを反動や不良労働者として排除した連中だった。

彼ら「民主派」はおそらく仲間から密告されて追放されたのだが、懲罰収容所に来ても「労働促進なくして民主化も、反ファシスト運動の達成もなし」と叫び、まだ「民主運動」の尻尾をひきずっていた。懲罰収容所にまで、「民主運動」を持ち込むというのはシベリア抑留でも珍しい。赤化洗脳が徹底していたのか、あるいは「民主運動」を叫んでいれば懲罰も解けると信じていたのか。いずれにしろ無残な姿である。

三二キロ収容所へ移動

それでもこの「生き地獄的な生活と労働の」チョルブハを去る日がやって来た。昭和二四年三月に移動命令が下ったのである。

しかし帰国ではなかった。三二キロ地点への移動だった。森林鉄道も利用せず、凍った雪道約六〇キロを徒歩で移動させられたのである。約一二時間におよぶ行軍は、「死ぬほどの苦しみ」を味わわされたという。マガダン下りの夢も打ち砕かれ、またもや伐採作業を強いられた。「民主派」は相変わらず、ノルマ遂行率が高くなれば、給与の受給率が高くなって体力も増強される、と督促したが、これはじつは「蟻地獄的作業環境」に引きずり込むことだった。シベリア各地で見られた「ノルマを達成すると、もっとノルマが引き上げられる」悪循環が待っていたのである。「イカレタ」隊員の体重は、もはや四〇キロ台に落ち込むありさまだった。

その半年後、ついにマガダンへ戻ることになった。今度こそ正真正銘の帰国である。帰国船が出発する直前の昭和二四年九月一五日、彼らはマガダンの中継監獄に到着した。じつは、彼らはマガダンに集結した帰国者としては、最後のグループだった。この事実は、懲罰収容所に入れられた人たちが、いかに徹底的に虐待されたかを雄弁に物語っている。

三上一次は懲罰収容所の九ヵ月を振り返って、こう自問している。

厳しい自然環境とソ連側支配に堅く身を縛られ、その限界の中で、生き抜くためとはいえ、誰かが、誰かを生贄として、その肉を喰らい、血を吸う地獄図絵顔負けの状況を創り出したのは、誰だったのであろうか。

（三上一次『懲治中隊史抄』）

日本人同士が相争わざるえない非情な現実は「人間とは、一体、何か」という重い問いを突き付けるものだった。三上がこの手記を書くため、かつての懲罰隊員に協力を求めたところ、脅迫の電話をかけてきた者がいたというから、それぞれが癒しがたい心の傷を負ったのだろう。

マガダンに拉致・抑留された日本人は、ソ連で最北の捕虜収容所へ送られた一事をもってしても、厳しい扱いを受けたのは間違いない。ただ実際の待遇は囚人並みであっても、捕虜の配置場所は奥地の囚人収容所と区別していたことが窺われる。

同じマガダンであっても、マガダン市内の第一収容所と奥地の第二〜四収容所とは労働と生活の面で待遇の違いがかなりあったといわなければならない。

マガダン市は何といってもコルィマ地方の中心都市として設備も整い物資の備蓄もあったし、海浜都市ゆえ奥地ほど寒さは厳しくなかった。作業も土木建築や倉庫荷役や雑役などが主体だった。

それに対して、奥地の第二〜四収容所は寒さがずっと厳しいにもかかわらず、テント暮らしが多かった。そのうえ作業はより苛酷な伐採と石炭採掘、道路工事が主体だった。そこへ送り込まれたのが、占守島の戦いを最前線で戦った村上大隊と竹下大隊を主体にした日本兵だったのである。

本稿をほぼ書き上げたころ、三上一次の『懲治中隊史抄』を手にすることができた。そこに思いがけない記述を発見した。

この二か大隊［村上大隊と竹下大隊］は……ソ連軍侵攻部隊に抗して強烈な迎撃戦斗を

展開し、その心胆を大いに寒からしめた部隊であった。それが抑留当夜、ソ連側の命令によって、奥地行きの大隊をくじ引きで決める際、たまたまそれを引き当てたため、翌日には、あたふたと奥地タイガに向って出発して行ったものであった。

（三上一次『懲治中隊史抄』）

これが事実だとすれば、村上大隊と竹下大隊が奥地へ送られたのはくじ引きの結果であり、ソ連側の意図するところではなかったことになる。だがそうだとしても両大隊が結果的に一番厳しい収容所へ送られたという重い事実は厳然として残る。

すでに見たように、「反動」や「戦犯」など「民主運動」に同調しない人たちを弾圧するため懲罰収容所が利用されたこともマガダンの特徴のひとつだった。

残された受刑者たち

懲罰隊や懲罰収容所に入れられた者のうち、マガダンの「赤い舘」で取調べを受けた人たちがいる。この人たちは、何の罪咎もなしに有罪を宣告されて囚人収容所へ送られた。不当に断罪された無実の囚人だった。これらの人たちの苛酷な運命については第六章で述べる。

第四章
❋北千島の民間人の抑留と日魯漁業の悲劇

前章では北千島からマガダンへ送られた日本兵の厳しい抑留生活をみてきたが、一方、そのまま北千島に二年ほど抑留された民間人が一六〇〇人あまりいたことはほとんど知られていない。北千島の開発を志し、抑留された民間人の歴史を見ていくと、抑留の別の側面が見えてくる。

1　郡司大尉の報效義会と北の防人、別所佐吉・二郎蔵

占守島の南部、片岡湾を見おろす「郡司が丘」に北の防人《さきもり》の碑《いしぶみ》が三つ建っていた。

志士之碑　大正八（一九一九）年建立、報效義会の犠牲者の慰霊碑

別所翁之碑　昭和一〇（一九三五）年建立、最後まで占守島に留まった別所佐吉の顕彰碑

郡司大尉の碑　昭和一二（一九三七）年建立、碑面に「永鎮北陲《えいちんほくすい》」（北辺を永遠にしずめる）

と刻む

いずれも「報効義会《ほうこうぎかい》」にちなむもので、明治から昭和にかけて北千島の開拓と護りに命を捧げた民間人を顕彰するものだ。ただ「別所翁乃碑」だけは戦後移住してきたロシア人が撤去したらしく、今は基礎部分しか残されていないという。

北千島の抑留者のなかに占守島で生まれ育った別所二郎藏という人物がいた。別所は『わが北千島記——占守島に生きた一庶民の記録』という貴重な自伝かつ抑留記を残している。

別所二郎藏は帝国海軍大尉、郡司成忠《ぐんじしげただ》が明治二五（一八九二）年に立ち上げた報効義会の一員として占守島に入植した別所佐吉の二男として明治四〇（一九〇七）年に生まれた。学校は一時期、室蘭へ引き揚げたときに高等小学校に半年通ったほかはほとんど独学で勉強し、戦後の大学入学資格検定に相当する専門学校入学者検定試験も独学で合格している。彼の著作を読めば、並々ならぬ知性と自然観察眼と豊かな感性を備え人物であることがわかる。二郎藏は北千島と樺太での抑留を経て昭和二二年一〇月に帰国したあと、根室で酪農を営んで昭和五一年に死亡している。

千島列島は安政元（一八五五）年の「日露通交条約」でロシア領になっていたが、明治八（一八七五）年の「樺太千島交換条約」により日本領となった。しかし、日本領とはなったものの、とりわけ北千島は未開拓のままだった。そこに民間から開拓に乗り出す人物が現れた。それが郡司成忠である。

郡司成忠と報效義会

郡司成忠は文豪、幸田露伴の実兄で海軍兵学寮（のちの海軍兵学校）、海軍大学校を卒業したエリート軍人である。郡司はしだいに北千島開拓（拓殖）を志すようになり、明治二五年、海軍当局に千島移住趣意書を提出するも容れられず、退役して予備役になり、民間人として千島を目指すため「報效義会」を立ち上げたのである。郡司成忠三二歳のときだった。「報效」は「報効」と同じで、恩に感じて力を尽くすことを意味するが、明治人の気概を表すものであろう。

移住趣意書には「千島極北占守島に移住し、其の地の帝国版図たるの実を挙げん事を望む」と力強く記され、報效義会の設立が新聞で報道されると反響も大きかった。

この年、ドイツから「シベリア単騎横断帰国」した福島安正陸軍少佐の壮挙も話題となっていたから報效義会への寄付者と入会者が続出した。入会者の中には南極探検で有名な白瀬矗《のぶ》もいた。

資金もできたので明治二六（一八九三）年三月、報效義会員約八〇名が五隻のボートに乗り込んで「第一次千島拓殖」のため出発した。「拓殖」を掲げつつも、その裏には「北門の鎖《さ》鑰《やく》」、すなわち北の護りを担う心意気があった。ボートによる長距離航海は無謀ともいえる計画だったが、むしろ世間には壮挙を称える声が満ちたという。

途中、暴風雨による遭難などで多くの犠牲者を出し、軍艦磐城《ばんじょう》による曳航にも助けられて、八月三一日、ついに八名が占守島に上陸した。第一千島拓殖では探検と調査が主な活動だった。

翌二七年六月、日清戦争勃発近し、の情勢に応じて白瀬ら六人を残して郡司たちは占守島を去った。だが、残った六人のうち三人は脚気で死亡してしまう。明治二八年八月、白瀬ら三人は占守島から命からがら帰還し、第一次千島拓殖は終わった。

しかし郡司成忠は諦めず、日清戦争後の明治二九年九月、第二次報效義会員五七名を率いて占守島に再び上陸した。今度は政府の補助金もあり、前回の探検・調査にもとづいて漁業、猟業（海獣猟）、農耕に取り組み、魚肉の缶詰工場を経営するなど開拓・殖産は順調に進んだ。

そのなかに別所佐吉という男がいた。漁業部長を務めていた佐吉は、第一次千島拓殖のときから加わっていたが、そのときは択捉島残留組だったため、占守島上陸は今度が初めてだった。のちに田中タキと島で結婚式を挙げ、二郎藏をもうけることになる。

明治三七（一九〇四）年二月、日露戦争が勃発すると、郡司は義勇隊を組織して旧式銃を手にカムチャツカ半島に向かった。この無謀ともいえる行動で隊員から死者を多数出したうえ、策略に乗せられて郡司自身が敵に捕らわれてしまった。これを受けて、占守島の報效義会は引き揚げを決定せざるをえなくなる。七〇人のうち五六人が引き揚げて第二次千島拓殖も事実上終わった。

残った一四人も順次島を離れていき、明治四一（一九〇八）年には別所佐吉とその妻子の計七人のみが占守島に残っていた。その中に次男の二郎藏もいた。ひとり別所一家のみが四〇数年にわたって占守島に踏みとどまり、郡司大尉の志を受け継ぎ通したのである。

「別所翁乃碑」には郡司成忠の実弟、幸田露伴が草した碑文が刻まれていた。

別所佐吉翁は伊勢の人、初め陸軍にぞくす。次に報效義会会員となるや、能くその北陲《ほくすい》［北辺］の守りを固くし、産を興すの義を体し、艱難数々至ると雖も操守堅貞、終始渝（かわ）らず、絶海、窮北に在る四十余年、老齢七十三、今猶初志を捨てず、嗚呼偉なる哉。

（初見一雄『すこし昔の話——千島・樺太・札幌・信濃』）

佐吉は、この碑が完成した二ヵ月後の昭和一〇（一九三五）年一〇月二四日、占守島の土に還った。

おりしも、二郎蔵が生まれた明治四〇年から、日露漁業協約に基づいた本格的な北洋漁業が始まる。タラ、カニ、サケ、マスなどを中心に、日魯漁業株式会社が独占的に水揚げする時代を迎えるのだ。日魯漁業株式会社とは、〝あけぼの印〟の缶詰で知られる日魯漁業（現マルハニチロ）のことである。

日魯漁業と北洋漁業

日魯漁業株式会社の歩みを岡本信男編『日魯漁業経営史』第一巻により簡単にたどる。

別所翁之碑
左から別所佐吉、二郎蔵、タキ
（別所夫二氏提供）

明治三九（一九〇六）年　新潟の堤清六が平塚常次郎と北洋サケ・マス漁業の「堤商会」を設立
明治四〇（一九〇七）年　日露漁業協約により北洋漁業が本格化し、サケ・マス缶詰の生産近代化を推進
大正二（一九一三）年　缶詰の大量生産を開始
大正三（一九一四）年「日魯漁業株式会社」を函館市に設立
昭和一二（一九三七）年　カムチャツカ半島の東岸、西岸で二九ヵ所の漁場をもち、缶詰工場三四ヵ所などを経営
昭和一六（一九四一）年　沖取りの母船式操業を含め、北洋サケマス漁業の独占的展開で、従業員と労務者二万人以上をかかえる国策的大企業に成長
昭和一九（一九四四）年　アッツ島玉砕以降、北洋にも米軍艦艇が出没するようになり、カムチャツカ半島東岸の操業を停止、西岸も漁区を限定

米軍の空襲や艦砲射撃により従業員や施設、漁船などに被害を受けるなど情勢が緊迫するなか、昭和二〇年の操業は中止することにしていたが、ソ連の和平仲介に一縷の望みを託していた日本政府が、閣議決定をしてまで日魯漁業に出漁を強いたため、やむなく命がけともいえる出漁に踏み切ったのである。その結果、予期せぬソ連軍の侵攻、そして従業員の抑留と逮捕受刑という悲劇を招いたのである。

女子工員五〇〇名の脱出

占守島と幌筵島にはサケ、マス、タラ、カニなどの北洋漁業基地として缶詰工場があり、女性を含む多数の従業員と季節労務者がいた。

満洲では、ソ連軍兵士による居留民の女性に対するおぞましい強姦が多発していることが伝わっていたから、占守島にソ連軍が侵攻するやいなや第九一師団参謀長、柳岡《やなおか》武大佐はただちに脱出命令を発する。八月一八日午後三時、柏原港の四〇〇名と長崎港の一〇〇名、計五〇〇名の女子工員を集合させ、二七隻の独航船（漁船）に分乗させた。そして午後四時半、間一髪で脱出させた。船は霧のなか敵襲にも遭わず無事に根室に帰着し、満洲の惨劇の再来を防ぐことができたのである。

柳岡大佐の見事な英断だったが、柳岡自身はシベリアへ抑留され、昭和二三年五月、将校収容所であるモルシャンスクで非業の死を遂げている。

足止めされ抑留された日本人

女子工員五〇〇名が無事脱出したあと、ソ連軍艦船による沿岸パトロールが始まり脱出はきわめて困難になった。小規模の脱出が散発したものの大部分は抑留された。日魯漁業関係者が一四二七人、その他時計屋、慰安所主人などを含めると一六〇〇人以上が二年あまり抑留されることになった。彼らは樺太の民間人約三〇万人と同じく、出国を阻止され足止めされた一般抑留者である。柏原、長崎などの日魯漁業の従業員宿舎が宿になり、日魯漁業の工場などで働かされた。

日本兵は大部分がシベリアへ送られたが、二五〇〇人は北千島のソ連軍管理下の収容所で労働を強制された（いわゆる現地抑留者）から、一般抑留者と合わせて約四〇〇〇人の日本人が北千島に残されたことになる。

2　北千島における民間人の抑留生活

抑留一年目

別所二郎藏は八月二四日、妻と子供四人とともに漁船で脱出を図るもソ連船に捕えられ、幌筵島での抑留生活を余儀なくされた。

ソ連側がまず企図したのは漁業の接収だった。そのために「北千島漁業コンビナート」を設立し、日魯漁業の事務所に乗り込んで、缶詰工場地帯を接収して塀で囲んだ。ソ連の民間人二〇〇〜三〇〇人がやって来たという。日魯漁業の幹部や技術者は翌年の事業計画の作成や工場の整備に協力させられた。つまりは経営と技術の指導であり、事業の引継ぎだった。日魯漁業からすれば、明治末から営々として築き上げてきた北洋漁業の基地を丸ごと失うことにほかならなかった。

北千島はサケマス流し網漁の基地で、その中心が幌筵島の柏原地区だった。ここには工場、倉庫、宿舎、事務所、診療所、駐在所、郵便局などがあり、水道と発電の施設もあった。二万人以上の兵士も駐留していたから、食料や衣服などが大量に備蓄してあった。

このように備蓄物資が豊富だったため、一年目は衣食住にあまり不自由がなかったのは抑留日本人にとって幸いだった。この点が抑留二年目と大きな違いだった。米があったから濁酒《どぶろく》を造って気晴らしをすることもできたほどだ。

ソ連側は日魯漁業の遺産を利用して、網工場や製パン所、食堂、映画館、図書館などの公共施設をまず作っていった。いわば町づくりを始めたのである。これは漁業一辺倒だった日本とは対照的でもあった。

抑留された北千島の日本人は満洲やシベリアと同じく、ソ連兵による掠奪に何度も悩まされた。武器検査と称してナイフやマキリ（小刀）も没収され、衣類も奪われた。

それでも一年目の冬はまず平穏に過ぎていったが、昭和二一年五月には北朝鮮の労働者が三〇〇〇人、ロシア人が一〇〇〇人入植してきた。北朝鮮労働者の出稼ぎは樺太でも見られたものだが、身なりはこざっぱりしており、漁場にまわされた。それに対して、ロシア人は「難民同様、満足に身を包んでいるものは一人もいない。（中略）子供はみんなはだしで走り回る。所持品といえばたいてい袋かトランク一つだけ」というみすぼらしさだった。どちらも日本人のダモイ（帰国）を見越した代替要員である。

漁業コンビナートのロシア人幹部は通常より二カ月も早く、三月末からサケマス流し網漁の試験操業を始めたが失敗に終わってしまう。その後も「不漁というより、無漁の状態で猟期が終わる」ありさまだった。その理由の一つには帰国を許されない日本人漁民の無言の抵抗、非協力もあったようだ。

ところが、大不漁の影響はロシア人にも、日本人にも現れた。

北千島漁業コンビナートの「社長」は一労務者に格下げされたあげく、姿を消した。日魯漁業の幹部も「お叱り」や「格下げ」にあったが、それにとどまらず、九月になると六人の幹部が青帽（秘密警察）に呼び出されて消えたのである。六人のその後の苛酷な運命についてはあとで述べる。

同じ一〇月にはダモイの噂が立ち、乗船名簿の作成などの準備が始まったものの、一一月初めには一転して取りやめとなる、ぬか喜びの一幕もあった。

二年目の厳しい越冬、そしてダモイ

昭和二一年冬の越冬は、前年とは打って変わって厳しいものになった。北朝鮮労務者などの入島もあり、糧米が夏には底をついたのだ。カレイやタラなどの魚類は豊富にあったもののヴィタミン不足、栄養失調の症状が現れ、ついに死亡者が出るに至った。

翌昭和二二年二月には雑穀もなくなり、黒パンが主食になった。乾燥野菜はまったく底をつき、副食は鮮魚だけだ。病弱者が増えるばかりだった。

ようやく五月になって玄米が大量に入荷し、山菜や海藻の採取もあって健康状態が回復しだした。「危機は十数名の死者を出しただけで幸いに去った」のであった。

新任の北千島開発長官は五月、非公式にだが「日本人のダモイは今年の秋」と言明したことで日本人抑留者の気持ちも変わった。この年のサケマス漁は前年の四倍の豊漁だった（ただし戦前レベルの三分の一ほど）。

八月、九月にはロシア当局から「居住勧告」があった。それは「千島、樺太のどこでも希望の所に居住できる。市民権のほか土地も与える」という残留の勧めだった。ソ連としては有能で勤勉な人材と技術が欲しかったのだ。しかし日本人は誰もがひとえに祖国に帰りたがっていたから応じる者はいなかった。

昭和二二年九月一六日、柏原の日本人は作業から解放された。北千島の各地から抑留者が柏原に集結してくる。九月二〇日、抑留者総員、一五六四人がウラジオストク号に乗り込み、二一日出航した。そのなかに占守島人、別所二郎藏一家もおり、これが生まれ故郷との永遠《とわ》の別れとなった。

一行は樺太の真岡に上陸したあと、昭和二二年の暮れから二三年にかけて函館に帰還した。

こうして民間人、別所政吉・二郎藏親子が明治二九（一八九六）年から五〇年近く護りつづけてきた北千島は、日本人のいない島となったのである。

3　囚人収容所に送られた日魯漁業幹部

日魯漁業はこれまで述べたように、ソ連参戦によって北洋漁業の基地・資産と漁場を失った。企業として存亡の危機に陥ったうえ、多数の従業員と労務者が現地に抑留された。さらにそのうち一九名が、スパイ容疑などで苛酷な受刑生活を強いられるという、幾重もの悲劇に見舞われた企業である。

この一九名のうち、佐藤良治だけはコルィマに送られたが、残りはシベリアのラーゲリだった。岡本信男編『日魯漁業経営史』第一巻によると、一九名の受刑者の勤務地の内訳は次の通りである。

カムチャツカ	九名
北千島	六名
樺太	四名

満洲、樺太、北朝鮮ではソ連軍により官庁の幹部や警察官、司法関係者などに加えて基幹産業の幹部も逮捕され裁かれたが、日魯漁業もそのひとつだったのである。

カムチャツカの場合だと幹部が昭和二一年一月から四月にかけてソ連当局に連行され、スパイ容疑で峻烈な取調べを受けた。昭和二一年六月の軍事裁判においてロシア共和国刑法第五八条（スパイ行為）により重労働一〇年から二五年が宣告された。もちろん、いわれのない濡れ衣だった。

行方不明の日魯漁業幹部の消息を初めて日本にもたらしたのは、北千島の事業課長だった佐藤良治だった。佐藤良治の手記「友を偲びて二十年――社友の御霊に捧げる」によると、昭和二一年九月一一日に北千島で逮捕され、一〇月二〇日ころ樺太の大泊を経由して豊原に送られた。翌昭和二二年一月六日、同僚の太田久隆、生田廉とともにロシア刑法第五八条のスパイ行為で一〇年の判決を受けたという。

北千島と樺太の逮捕者はペトロパヴロフスクまたは豊原で裁判を受けた。ペトロパヴロフスク組は昭和二二年六月にウラジオストク経由で、樺太組も別ルートでシベリアのラーゲリへ送られた。移送先で最も多かったのは極北のノリリスクで、一九名のうちの九名、残りはシベリア鉄道やバム鉄道沿線のラーゲリなどである。

佐藤良治ら三人の場合、昭和二二年三月末にウラジオストクを経由してウルガル六〇三収容所へ送られた。ウルガルには日本兵のフルムリ第五収容地区があったが、もちろん捕虜と囚人は別の収容所である。コルイマへ送られた日本人受刑者のほとんどが、このウルガル六〇三囚人収容所を経由しているのは興味深い事実である。

黒パン八〇〇グラムと砂糖、マーガリン、「キャベツの青い葉っぱのみの」スープを朝昼晩に一杯ずつとが一日の食事だった。結局、同僚の生田廉と太田久隆は昭和二二年中に死亡している。

残された佐藤良治は昭和二五年にヴァニノ港を経由してマガダンに送られ、さらに奥地のラゾ記念鉱山に移送されて三年あまり、ただひとり鉱山労働に従事した。ラゾでは後述する竹原潔らとほとんど入れ違いになった。

佐藤は昭和二九年二月ころ、特赦で釈放されたもののヤーゴドノエに居住制限された。昭和三〇年二月になってようやく空路ハバロフスクへ移送され、同年四月、祖国に生還、行方不明になっていた日魯漁業幹部ら受刑者の消息をもたらしたのである。改めて記すが、佐藤は軍人ではなく一般企業の一事業課長なのに、これほどの辛苦を舐めたのである。

結局、無実の囚人として囚人ラーゲリへ送られた日魯漁業の幹部のうち、昭和三〇年から三一年にかけて帰国できたのは半数にも満たない八名に過ぎなかった。しかもやっと帰還を果たしながら四名は五年以内に死亡している。この事実はいかに受刑生活が苛酷であったかをおのずと物語っている。

極北のラーゲリ、ノリリスク

半数近くの九名の幹部が送られたクラスノヤルスク地方のノリリスク矯正労働収容所（略称ノリリラーグ）はソ連の僻地につくられた「苦役ラーゲリ」のひとつだった。

囚人たちは主にニッケル採掘に駆り出され、「生きて還れぬノリリラーグ」と、ロシア人囚人にさえ怖れられた。

ノリリスクは北緯六九度と、マガダンより一〇度も北に位置する北極圏の閉鎖都市で、当時の人口のほとんどは国内外の政治囚と刑事囚だった。最盛期の一九五〇年には約七万二〇〇〇人もの囚人がいた。最低気温は平均でもマイナス三〇度、極値はマイナス六〇度以下にもなる殺人的な寒さだ。

ノリリラーグには、一九四八年に第二特別収容所＝ゴールヌィ・ラーゲリ（山岳収容所）がつくられ政治犯が収容された。

一五年の刑を宣告されノリリスクに拘留された森川正純は、日本人は三〇〇名弱（うち五八条組は二四〇余名）で、一一〇余名が死亡したと記している（森川正純「陸の孤島ナリリスクに生きて」『朔北の道草』）。じつに三分の一が犠牲になったというのだ。なかでも日魯漁業の幹部は九人のうち四人が現地で死亡している。

満洲国の延吉で逮捕された警察官の後藤金四郎は、二〇年の判決を受けたノリリスクの受刑生活について次のように書き残している。なお同地に送られた後藤の同僚警察官一三人は、一一人がノリリスクで死亡し、生還した二人のうち一人も帰国の翌年死亡するほど悲惨を極めた。

私等は最初、道路の構築に強制労働させられたが、三年目からは家屋の建設にかわり、煉瓦積み、木工、左官等の作業となった……どんなに寒くとも零下四三度以上の場合は、作業を続けねばならなかった。（四五度以下に低下した場合は法規により公休）。多くの者は手足や顔が凍傷にかかり、身体は全く痩せこけて、小さな石ころ一つ持てぬほどまでフラフラに衰弱していた……食物は一日あたり黒パン六〇〇グラム、二〇〇グラムのカーシャ（かゆ）、六〇グラムの魚。これが四季春秋同一のメニューであり、野菜といえばじゃが芋にキャベツ。それもなまでなく乾燥物と塩漬であり、カロリーのあるはずがない。

真面目な日本人は、最初型の如く良く働きました。而し、良く働いた日本人はバタバタたおれてゆきました。それは労力と給与の均衡がとれなかったからです。先輩の外国人からは〝それでは、生命がいくつあってもたまらんよ、こんな要領で働くんだ〟と教えられ、要は最低の給与で良いから、監督の眼を盗み、最低の働きしかしないことだと、再三戒められました。私は、此処で、八年間の就労中四回入院、二回危篤状態に陥っています。

（後藤護『息子がよむ父のシベリア遺書』）

生還した後藤金四郎でさえ、生と死は紙一重だったのである。シベリアではよく見られたことだが、日本人はラーゲリで真面目に働き、その勤勉さが仇になって命を失うという痛ましい悲劇を招くことになった。ソ連囚人の鉄則は「働くな！」だったのである。

このノリリスクで平成二七（二〇一五）年一〇月、現地で斃れた日本人のための慰霊碑が除幕された。碑には「生存の権利」と刻まれている。樺太庁の官吏でこの地に抑留され死亡した渡辺良穂《よしお》の娘、渡辺祥子《さちこ》が母親の遺志を継ぎ、一一年がかりで独力で建立したものだ。

この地で非業の死を遂げた日魯漁業の幹部も浮かばれたことだろう。

第五章
❄コルィマの地獄の収容所群

コルィマのラーゲリの大きな特徴は他のラーゲリとは違って広大なコルィマ地方に散らばっていたことである。ここでは「コルィマ」と一括りにするのではなく《深き悲しみのマスク》の銘板のひそみにならって、一つひとつの収容所名（地名）を地獄の収容所として人類の歴史に刻むことにしたい。地図を見ればわかるように、コルィマの収容所はマガダンから数百キロないし一〇〇〇キロも離れた奥地に点在していた。

以下、何人かの実体験（◎印）を織り込みながら、代表的な収容所について述べることにしよう。

1　ハトィナフ収容所（金鉱山）

ハトィナフは、地区の中心地ヤーゴドノエ（マガダンからコルィマ街道五四三キロ地点、以下同

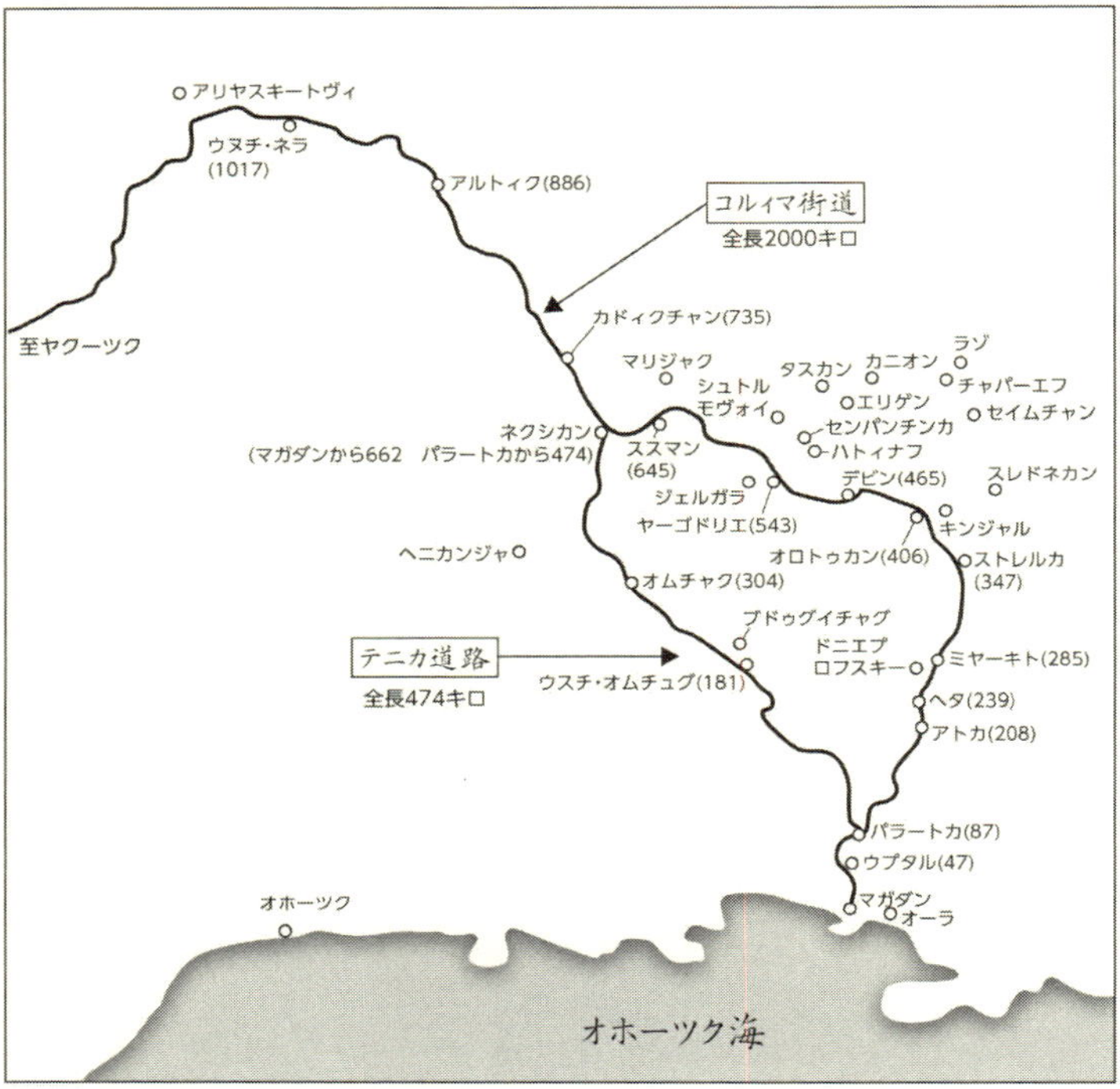

コルィマ街道とコルィマの主な囚人ラーゲリ
(　)はマガダンからのキロ数

じ）から北東に四〇キロのところにある。ハトィナフ採掘場は一九三四年につくられた。一九三五年春に「ヴォドピヤーノフ記念鉱山」に改称され、その後、「ポリャールヌィ」に、一九三八年末にはまた「ヴォドピヤーノフ記念鉱山」に戻った。

ハトィナフ集落から周辺のヤーゴドノエやススマンやテニカ地区の鉱山開発が始まったので、一九三五年九月にダーリストロイ（極北建設総局）北部鉱業部が置かれた。一九三〇～五〇年代に金採掘を行ったが、鉱山の主な労働力は囚人だった。

周りにいくつも金鉱が開発された。「ニージニー・ハトィナフ」、「ヴェルフニー・アト・ウリャフ」、「パルチザン」、「三月八日」、「レジャノイ」といった採掘場である。

コルィマ地方の金は石英層に含まれる砂金層型が多く、凍土を融かし、バールやつるはしで掘り、ターチカで運び、川の水で洗うといった作業はすべて機械ではなく人手で行った。きわめて苛酷な作業だった。生産性は一日一人一・五㎥の砂だった。輸送機関は主にトラックである。

集落には徐々に施設などが整備された。一九三九年一一月七日までにハトィナフで通信所が開設され郵便局、電報局、電話局が入った。同年一〇月、北部鉱業部の中心地にセントラルヒーティングのボイラーが設置され、一九四〇年末に集落間のバス定期便が運行した。

北部鉱業部の中心地は一九四一年、コルィマ街道沿いのヤーゴドノエ集落に移転した。

公文書館資料によると、ヴォドピヤーノフ記念採掘場は一九三四年から四五年までに六六トン八〇〇キロの金を採掘した。

◎ヴラジーミル・ペトロフ（一九一五〜一九九九）

ヴラジーミル・ペトロフはロシア北カフカースの都市エカテリノダール（現クラスノダール）で生まれた。ソ連ラーゲリ（グラーグ）の初の生々しい体験記『ソ連の金』（邦訳『シベリアの果て』）を一九四九年にアメリカで出版したことで知られる。ペトロフが体験したのがハトィナフ・ラーゲリだった。

以下、『シベリアの果て』によってペトロフの体験を追うことにしよう。

ペトロフがレニングラードの工業学校建築科の学生だった一九三五年二月一七日、突如NKVDによって逮捕された。じつはその直前の一九三四年一二月一日にソ連共産党中央委員会書記・組織局員のセルゲイ・キーロフが暗殺される「キーロフ事件」があった。スターリンはこの事件の背景に大がかりなテロ組織があるとして政治弾圧を始めた。ジノヴィエフ、カーメネフといった革命指導者が次々と逮捕され処刑される「大テロル（粛清）」の幕開けだった。

政治に興味のなかったペトロフだがキーロフ事件容疑者の嫌疑をかけられた。二ヵ月間の尋問のあと、身に覚えのない「反ソ組織を作ろうとしていた」などの罪で刑法五八条により六年の自由剥奪を言い渡された。このころはまだ短い刑期もあったのである。

ペトロフは囚人護送車ストルイピンで四七日かけてウラジオストクに送られ、ジュルマ号でマガダンへ渡った。すでに途中から壊血病に犯されていたペトロフは入院させられ、結核にか

ヴラジーミル・ペトロフ
（1950年代初）

かっていることも判明した。

退院後は、マガダン建築課の事務所で製図の仕事をした。建築科に在籍していたことを買われたのだろう。事務所の半数は囚人だったという。マガダン市の建設に専門家を必要としていて、囚人の専門家がまだ優遇されていた時代だった。結構な額の賃金が支払われ、囚人でありながらラーゲリ外の志願労働者の宿舎に住むことがＮＫＶＤから許されたほどだ。

しかし、のちには専門家（知識層）も優遇どころか政治囚として特別収容所で「一般作業」の重労働を科されることになる。

ペトロフはあるとき、一五歳の少女を襲ったコムソモール員を殴ったことで、奥地の金鉱山へ送られるはめになった。「ニージニー・ハトィナフ」採掘場。運命は暗転する。

同囚からこの金鉱が北部鉱業部で最も悪いと聞いたペトロフら三人は「坑内に入れば間違いなく病人になる」として坑内作業を断固拒否したため営倉にぶち込まれた。それにはハンストで対抗した。ハンスト四日目に、坑内作業ではなく清掃作業を与えるといわれ中止する。

ペトロフはハンストで衰弱して結核が悪化し入院したが、回復するとまたもや坑内作業を命じられる。三人はふたたび拒否して営倉入りとなるが、ハンストを続行する。「空腹の苦しみに加えて霜の寒さにも堪えよう」と暖房さえ拒否して抵抗する三人に、さしもの当局も折れて罰を撤回した。

三人が幕舎に戻ると「他の囚人達は私達が幽霊ではないかと訝《いぶか》った――確かに髭がのび、信じられないほど汚れ、煤で真黒になり、痩せ衰えた私達の様相は気の弱い人を驚かすのに十分だった」

ペトロフは休養したあとハトィナフの建築課に配属された。「ハトィナフ収容所での私の生活はマガダンのときよりも愉しいものでなく、それかといって決して悪いとは云え」ないものだった。まだ監督など上層部の仕事が囚人にまかされることがある時代だった。

エジョーフシチナ（内務人民委員エジョーフの弾圧体制）の時代となると一九三七年には、ダーリストロイもベルジンが更迭されてパヴロフが第二代局長となった。エジョーフの命令で「収容所制度の中に残る自由主義の最後の残滓が早急に一掃され、刑務所の生活制度、審問の方法、収容所における作業等がより一層悪化されようとしていた」（傍点原文）のである。

ペトロフにも変化が襲い、建築課からトゥマンヌィ金鉱へ出された。そこの囚人たちの「風采は全く異なっていた……その人達の顔は凍傷でひどかった……彼等の被服ときたらコリマで見掛けたことのないもの――破れたフェルトの靴からスカーフの代わりに首に巻きつけた想像も及ばぬほど汚れたボロ切、それに焦げてボロボロになった冬服等に至るまで何から何までお話にならないほど、実にひどいものであった」

やがて収容所にもＮＫＶＤのトロイカ（三人法廷）が現れて、サボタージュの罪などで囚人に死刑を宣告し、銃殺監獄セルパンチンカへ連れて行って処刑するようになった。そして自殺者も次々と現れた。苛酷な労働に追い立てられたあげく、遅かれ早かれ自分の生命はなくなると悲観してみずから命を絶つのである。

坑内にはいつも爆薬による臭気が充満し「多くの者がこの毒素の強い臭気にあてられ、激しい咳をして血を吐き、結核菌をぶちまけた。普通そういう人達はしばらくすると伐採をやる虚弱な者ばかりのいる隊へ廻されるか、共同墓地に入」ることになった。

ペトロフは坑内の爆発事故に続いて、鉱石箱を運ぶケーブルの事故でも重傷を負うが、幸運なことに、ハトィナフの建築課長がそこに来合わせていたため、元の建築課の仕事に戻ることができた。

一九四一年二月、ペトロフは六年の刑期を終えて自由の身となった。コルィマの地獄を生き延びたのだ。

ペトロフは独ソ戦のさなかドイツ占領下の西部ロシアに入り、ドイツやイタリアを経て一九四七年、アメリカに渡った。そして一九四九年、『ソ連の金』を出版したのである。

ペトロフは名門イェール大学などで教鞭をとり、いくつもの著作を著した。

2　エリゲン収容所（女囚、農業ソフホーズ）

エリゲンは、地区の中心地ヤーゴドノエ（五四三キロ地点）から北東へ六〇キロ、前述したハトィナフ・ラーゲリにほど近いところにある。エリゲン収容所はダーリストロイの「農業ソフホーズ」だったことと「女囚」の収容所だったことが際立った特徴である。

この極寒の凍土地帯に植物栽培と牧畜を基調としたソフホーズをつくったのは珍しい。タスカン川の右支流の小さなエリゲン河岸に一九三四年末から三五年初めにかけて大きな窓とベランダのある平屋数棟が丸太材で建てられた。囚人が病人用に建てたものだ。

一九三五年四月、ここで有効面積四〇〇㎡と一六〇㎡の温室二棟がつくられ、最初にキュウリとトマトが、その後キャベツ、ニンジン、サトウダイコンも栽培された。一ヵ月後、一〇ヘクタールの面積に穀類が播種された。この年、約三〇〇〇トンの干草も備蓄した。

ある女囚は「灰色のマガダンの後でしたから、これはコルィマじゃないという印象でした」と書き残している。

その後の二年間で生産用と生活用の建物が増えた。当時としてはよく整備された住宅以外に、集落には製材所ができて建築資材だけでなく棚、机、椅子を製作する木工所用資材も生産した。ここへ原木を運んだのは荷馬車輸送であり、タスカン川の筏である。

この頃、ソフホーズでは地元の発電所が稼働して機械修理工場、自動車修理工場、鍛冶屋、ラジオ放送局、測候所、学校、託児所に電力を供給した。

初めはここに男性収容所があったが、後にこの場所はコルィマの大規模な女性収容所のひとつとなった。男性囚人は別の収容所での鉱山重労働や伐採へ回された。一九四一年初頭で自由契約労働者が二五人、元囚人が一五〇人、囚人が一二四四人働いていた。囚人のうち女が九三六人で男が三〇八人だった。一九五〇年代にはソフホーズ・エリゲンの女囚の数は増えて三〇〇〇人以上だった。その多くは五八条組の政治囚だ。

女囚の仕事には家畜と鳥の世話、干草と水の搬入、厩肥の清掃などがあった。

エリゲン収容所は一九五七年に閉鎖され、ソフホーズでは自由雇用者だけが働いた。

◎エヴゲーニヤ・ギンズブルグ（一九〇四～一九七七）

「こんなことってありうるのかしら？　みんなまともな話かしら？」という驚愕を自身の体験記『険しい行路』（邦訳『明るい夜　暗い昼』）の冒頭に書き込んだのがエヴゲーニヤ・ギンズブルグである。この本はソ連の監獄と収容所の体験を生々しく、しかも驚くほど精細に記録した名作である。著者はＮＫＶＤに拘束された当初から、あとで書き残すために「ただ記憶による」ことだけで覚えたと、きわめて意図的に記憶に刻んだことを明らかにしている。

ギンズブルグはモスクワのユダヤ人の家庭に生まれた。カザン大学社会学部に入学し、三年制のときカザン東教育大学に転入した。卒業後はカザンで教師の仕事をしていた。「党のため一度ならず三度でも死ねと命令されたならば、ためらうことなくこれを実行したであろう」というほどの熱心な共産党員だった。夫もソ連中央執行委員会委員を務める幹部だった。

一九三七年二月二五日、エヴゲーニヤは逮捕される。カザンの監獄からモスクワのブトィルカ監獄、レフォルトヴォ監獄へ移されて取調べ。半年後の八月一日、最高裁判所軍事委員会で刑法第五八条四項（テロ行為）と一一項（反革命活動団体への加入）で禁固一〇年、公民権剥

エヴゲーニヤ・ギンズブルグ（1950年マガダン）

奪五年の判決を受け、モスクワの北東二五七キロにあるヤロスラヴリ監獄へ投獄された。厳しい判決だが、銃殺刑でなかっただけでも幸運といわねばならない。

これがラーゲリ生活の始まりだった。

> この十八年というながい歳月の間にわたしは死に直面させられたことが何度もあった。しかしやはりそれに慣れきることはできなかった。そのつど、身も凍るような恐怖に襲われ、ふるえながら逃げ道を捜すのであった。そしていつもわたしの頑強なオルガニズム「肉体」は、かすかにともっている生命の灯を消さぬよう、逃げ口を見つけ出すのであった。（傍点原文）

これは決して誇張ではなく、本当にかすかな道をたどってギンズブルグは奇跡的にコルィマの地獄を生き延びたのである。

ヤロスラヴリ監獄では労働はなく、独房に監禁されたが、のちに相棒が入ってくる。一〇日に二冊本を借りることができたので二人では四冊である。拘禁中は読書が何よりの楽しみとなった。監房は昼間は薄暗くて眼が疲れるので、夜に電灯が点いて明るくなると看守に隠れて読書をした。つまり「明るい夜　暗い昼」であり、これが邦訳の題名となった。

二年近く経った一九三九年五月末、ギンズブルグは当局から一〇年の禁固刑が矯正労働収容所一〇年に変更（改悪）されたと告げられ、四人護送列車ストルィピンでエタップ（護送移動）が始まった。今度は苦役が科されるのだ。七月にウラジオストク到着。ここのペレスイルカで初めて軽犯罪犯＊（ブィトヴィキ）を知る。同じ五八条組でも位階があり、「テロ行為」で裁かれたギンズブルグはラーゲリの最低カテゴリーとされたＫＲＴＤ《カエルテデ》（反革命トロツキスト活動）よりも低く見られた。そして八月、ジュルマ号でついに運命の地、マガダンに着いた。

＊軽犯罪犯（ブィトヴィキ）とは、常習刑事犯（ウゴロヴニキ）やヤクザ者とは日常の社会生活で関係を持たず、職場などで偶発的に軽犯罪を犯した一般人刑事囚のこと。

ペトロフ同様、船中で壊血病になったギンズブルグはマガダンの囚人病院に入院したあと、女性ＯＬＰ（独立収容地点）に移され「土地改良」作業（穴掘り）や宿屋、食堂の皿洗いなどをした。

そして八ヵ月後の一九四〇年四月、いよいよエリゲンへ送られた。エリゲンとはヤクート語で「死んだ」を意味するというから不吉だ。命じられた作業は伐採の重労働だった。衰弱した体では一日四㎥のノルマなど到底達成できず、その結果減食、そして営倉入り。

検診のとき、長男を知っていた囚人医師に偶然出遭ったことでギンズブルグは「文化人看護婦」としての速成教育を受けることになった。こうしてにわか看護婦または代診の資格を得たことは、こののちコルィマを生きていくうえで非常に大きな意味を持った。「技（芸）は身を助ける」はラーゲリの真実である。

ギンズブルグは「幼児コンビナート」で働くことになった。一九四〇年七月のことだ。幼児コンビナートは女囚が生んだ子供の養護施設である。母囚（マームカ）はほとんどがヤクザ女

（ブラトナヤ）だった。ここでギンズブルグは看護婦として一年間「息抜きの時期」を過ごすことができた。

翌年、独ソ戦が始まると五八条組にたいする規制が強まり、ギンズブルグも一般重労働に廻された。山での伐採である。ここでは零下五〇度で作業中止（！）となるから、いつも「四九度か、五〇度か」で警備隊との間で争いになった。そのうえ配給パンの量も減った。「厳寒と飢え。それはわたしの全ラーゲリの冬のうち、最もどす黒い、最も殺人的な、最も苦難に満ちた冬だった」のである。それでも、ギンズブルグの仕事は、山奥ではなくバラック近くでの朝からの薪の鋸挽《のこひ》きと夕方三時間の「代診」だったからいくらかましだった。

このあと、ギンズブルグはエリゲン収容所の様々な場所で、様々な仕事をすることになる。

・酪農場……家畜相手の屋内作業なので「魅惑のくに」だった。一ヵ月。

・チョープラヤ・ドリーナ（温かい谷）……冬は伐採、夏は草刈。すさんだ女ヤクザばかりの集団で、半分は一般作業、半分は代診。

・再び酪農場……今度は鶏舎係として一七時間労働だが、体は丈夫に。一年以上。

・中央収容所診察室……看護婦。ここでエリゲン収容所長ツィンメルマンとのトラブル。

・イズヴェストコーヴァヤ（石灰山）……トラブルの懲罰として、懲罰収容所エリゲンでも最も厳しい懲罰地点へ「七五キロの徒歩で」送られた。石灰切羽で働いてもノルマが達成できなかったのでパンはもらえなかった。バラックは女ヤクザが跋扈し、内も外も正真正銘の地獄だった。

一九四四年一二月二九日、四年あまりいた「死の収容所」エリゲンから、二二キロ離れたタスカンＯＬＰ（独立収容地点）へ転送された。ここにはタスカン食品コンビナートがあり、その付属病院の正看護婦として働く。タスカンでは、二番目の夫となるクリミア・ドイツ人の医師アントン・ワルテルとの運命的な出遭いがあった。「人びとの不吉な死のうちにあって、腐り崩れていく肉体の悪臭のうちにあって、極北の夜の闇のうちにあって、この愛情は花開」いたのである。

タスカンは半身障者囚人の収容所で「囚人の楽園」だった。屋内作業であり、しかも女性バラックは禁止柵外にあった。

しかし、一年後、ささいな規則違反でタスカンから一〇〇キロ離れたベーリチエの北東収容所中央病院へ看護婦として送られた。職場は「結核病棟」だった。

さらに一年後にはタスカンに戻り、「幼稚園」の看護婦となった。幼児コンビナートと違って、幼稚園は自由人の子供たちだった。

一九四七年二月一五日、ギンズブルグはついに刑期満了で釈放され、夫アントンの六年後の釈放を待つことに。そのアントンがシュトルモヴォイ金山へ送られたのを契機に「黄金なすコルィマの都」マガダンへ移り、幼稚園の保母として働いた。「奴隷階級から解放奴隷の階級」に移ったのだ。

しかし、マガダンにも「一九三七年の血を分けた弟である一九四九年」がやって来た。大テロルの再来である。大量の再逮捕が始まった。ギンズブルグは「白い家」に呼び出され逮捕、

ＭＧＢ（国家保安省）により「シベリア東部収容所での終身移住」を言い渡されたが、抵抗して「マガダンから七キロ以内」を勝ち取る。アントンは二年の期限前釈放で自由の身となった。それでも「迫害の幻想」から逃れられない日々が続く。

一九五三年三月にスターリンが死ぬとやっとパスポルト（身分証明書）が交付された。

一九五四年夏、流刑による強制移住が廃止され「大陸《マテリク》」を旅する可能性が開かれた。

一九五五年春、エヴゲーニヤ・ギンズブルグは名誉回復され、しかも共産党に復党したのである。逮捕からすでに一八年が経っていた。これだけの不条理な弾圧を受けながらギンズブルグにはなお共産党に復党するだけの信頼が残っていたのだろうか。

◎エリノア・リッパー（一九一二〜二〇〇八）

エリノア・リッパーは一九五一年、外国人として、しかも女性として初めてラーゲリの体験記『ソ連囚人収容所の一一年』（邦訳『女囚への残酷な拷問——地獄のシベリア流刑地』）を出版したことで知られる。

リッパーはオランダ生まれ。ベルリンで医学生のとき社会主義に惹かれ「赤色学生団」に入った。ドイツ社会民主党・ドイツ共産党とナチ党がせめぎ合っていた時代だった。一九三五年にスイス人の青年と結婚してスイスへ。それでも共産主義の理想に憧れていたリッパーは一九三七年に単身、ソ連に渡る。ところがそのわずか二ヵ月後に逮捕されモスクワのブティルカ監獄に拘留された。当時としてはまれなことに拷問は受けなかったが、一四ヵ月もの拘禁のあと特別会議《オソ》（欠席裁判）により刑法第五八条第四項の「国際ブルジョアジー幇助」で五年の自由剥奪を宣告された。

リッパーはウラジオストクに移送され、冬季のため半年あまりそこに留まったあと一九三九年五月初め、ダーリストロイ号でマガダンのペレスィルカ（中継監獄）へ送られた。

この輸送中に悲劇が起きた。船倉では男囚と女囚が厚い壁で仕切られていたのだが、ならず者刑事囚はその壁を破って乱入し手当たり次第に少女を強姦したのだ。「野獣の世界よりもっと残酷な光景が繰りひろげられた」のである。リッパーもその犠牲者の一人だった。しかも暴行されたあげく妊娠したのである。

妊娠した女囚は一つの収容所に集められて伐採の重労働をさせられる。その現場では警戒兵がまた性的暴行を加えるありさまだった。生まれた子供は「幼児コンビナート」に入れられ、母親は別に働きながら九ヵ月間だけ授乳を許される。

マガダン近郊の収容所や病院を転々としたあとエリゲン女囚収容所に移された。のちにリッパーは「エルゲン［エリゲン］で過ごした二年間の恐怖に較べると、それまでの苦しみはまだ序の口」だったと回想する。

エリゲンでは最も厳しいとされる壕掘り作業や農作業、籠編み作業などの職場に廻されたが「この中でどこがいちばんひどかったのか」区別がつかなかった。のちに、病気になり

エリノア・リッパー
（1948年）

ヤーゴドノエ付近の中央監獄病院で回復してからは看護婦として働くが、それも一年しか続かなかった。

一九四二年夏に五年の刑期満了となっても釈放されず、その一年後に看守長から「囚人エリノア・リッパーは集団労働収容所に拘禁五年の宣告をうけたるも、ここにその刑期を終了せるものなり。ただし、右の者は当方の指示があるまで、収容所に止まるべきものとす」との紙切れを示され署名させられる。無期限の刑期延長という恣意的で理不尽な決定だったが、スターリン時代にはよくあったことである。

一九四七年秋、リッパーは突然、マガダンから乗船させられたが、このときも来た時と同じく「地獄の船旅」となった。女囚三人が男囚と同じ船倉に閉じ込められ、長い囚人生活で女に飢えた男囚たちが襲いかかったのだ。抵抗するすべはなかった。

ナホトカ港に着くとストルィピン列車に乗せられた。パンと塩魚による激しい渇きと用便の制限（一日二回）に苦しむ二ヵ月の旅である。いくつものペレスィルカを経て、カザフスタンの「ドイツ人収容所」に到着した。これはソ連がプロシアなどから連れてきたナチの男女を入れた収容所だった。ここでナチの女性捕虜から聞かされたのは、ソ連兵が敵国の男女にくわえた行為の「身の毛のよだつ話」だった。

その後、ブレスト・リトフスクの収容所で半年過ごしたあと、フランクフルトを経て九ヵ月に及ぶ苦難に満ちた旅が終わり、一九四八年六月、自由の身となって一一年ぶりにスイスに還ったのである。

エリノア・リッパーは「地獄がこの生きている世にもあるの」を見てきたと、最後にこう記す。

人間が満足に住めないような厳寒の地で、人間らしい生き方も否定され、女の本能、女の定めを、本人の意志に関係なく利用されて過ごした十一年、涙も枯れ、生きる望みを絶たれながらも、どういうわけか、かろうじて生命を失わなかったため、やっと自由の岸へ泳ぎついた私は、もう迷うことなく、共産主義の社会が、多数の人間を踏みつけにして、成立していることを知ったのです。

（エリノア・リッパー『女囚への残酷な拷問――地獄のシベリア流刑地』）

理想の国、ソ連に憧れたリッパーは、理想とは真逆の地獄の苦しみを与えられたのだが、生還後はソ連の収容所の悲惨な実態を世界に伝える使命を立派に果たしたのだった。というのは、当時、釈放されて帰国できたのはスイス、フランスなどごく限られた国の国民だけだったからである。バルト三国やポーランド、ウクライナなどの外国人囚人の圧倒的多数は釈放されても帰国できず、従ってソ連の収容所の真実を外部に語り伝えることはできなかったのだ。

◎村上秋子（一九二三〜一九九二）

エリゲンには日本人女性もいた。村上秋子である。京都生まれの村上は北朝鮮で逮捕され昭和二一年六月に刑法第五八条で一〇年の刑期を宣告された。同じく北朝鮮で逮捕され一〇年を宣告された蜂谷彌三郎は昭和二二年初冬、ハバロフスクの西北四〇〇キロのウルガル六〇三四人収容所で村上秋子に会ったと証言している（坂本龍彦『シベリア虜囚半世紀――民間人蜂谷弥三郎の記録』）。二人とも民間人の受刑者で、奇しくも北朝鮮→ウルガル→マガダンと同じ行路をたどったようだ。しかし、蜂谷はソ連女性と結婚してソ連国籍を取得したものの最終的には帰国を果たしたのに対して、村上は帰国を拒んで客死したのであった。

マガダン市からエリゲン収容所へ送られたと村上自身が北海道新聞の永井健記者に語っている（北海道新聞、一九九〇年一二月二六日）。昭和三〇年八月に刑期満了で釈放されたあとロシア人と結婚してハスィン集落（マガダン市からコルィマ街道で八二キロ）で暮らし、ソ連国籍も取得している。じつは日本人捕虜の第四収容所（ハスィン炭鉱）はこの集落の近くにあったのだが、無論、みな帰国したあとだった。

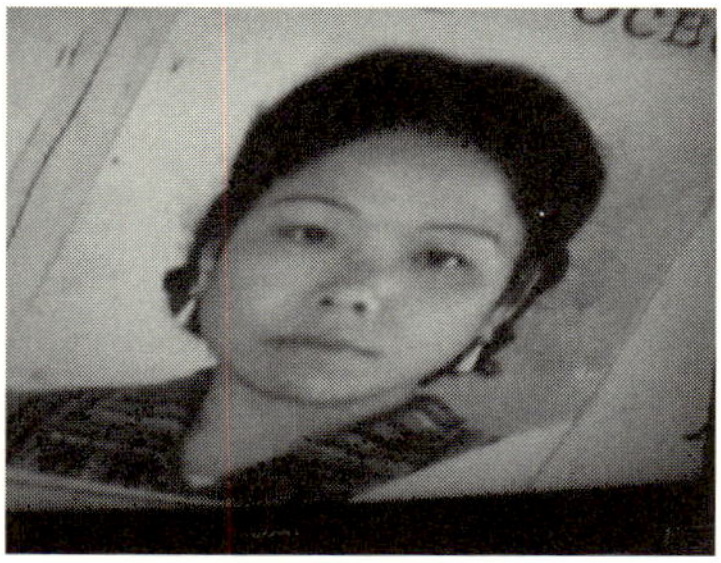

村上秋子（1945年頃　NHK番組「女たちのシベリア」より引用）

マガダン抑留の経験者である酒井豊が平成三年、四年と村上の元を訪れて帰国を勧めても応じようとはせず、その直後に脳卒中で死亡した。六九歳だった。ほとんどのソ連残留者が一時帰国か永住帰国を望むなか、かたくなに帰国を拒んだ村上秋子は異彩を放つ。

ＮＨＫ・ＢＳ１スペシャル「女たちのシベリア抑留」（二〇一四年）は村上秋子を取り上げて

いるが、それによると村上は「私は日本に帰ることができません。お願いですからロシアの国籍をもらえるようにしてください」と何度か嘆願書を出していたというから日本に帰国しない、という村上の決意は固かったのだ。

ハスインでは「優しいアーニャおばさん（秋子の愛称）」と慕われていた一方、「日本では監獄に入った人は犬扱いされます」とも語っていたというが、それが帰国しない理由とはとうてい思えない。日本および朝鮮での生活では他人には語り得ない、よほどつらい事情があったのだろう。

悲惨であったに違いないエリゲンでの囚人生活を含め、自分の人生について詳しいことを一切語らず「日本を忘れたロシア人」として異国の地に骨を埋めた心事を今となっては知ることができない。

坂本龍彦はコルィマに日本人女性が九人いたと記しているが、村上秋子以外のことは何もわかっていない（坂本龍彦『シベリアの生と死』）。

3　セルパンチンカ監獄（銃殺監獄）

セルパンチンカは取調べ監獄で「銃殺監獄」と呼ばれた。コルィマ街道のヤーゴドノエ（五四三キロ地点）の北東四〇キロのハトィナフ収容所の近くにあった。峡谷は、曲がりくねった道路だったのでセルパンチンヌィ(曲がりくねった道の峡谷)と呼ばれたのだという。

この監獄は、その囚人の大部分がダーリストトロイ担当の三人法廷《トロイカ》の判決で銃殺されたことで有名である。主としてロシア共和国刑法第五八条で弾圧され、反革命活動で死刑を宣告された。セルパンチンカの生き証人、ミハイル・ヴィゴンの証言。

銃殺が近い人はある特典を享受しました。上段の板寝床で寝られたのです。ここでは不文律で次のような掟が定められていました。この次の銃殺のあと空いた上段の板寝床はそれまで下段の板寝床で寝ていた人が占め、下段は板寝床の下で寝ていた人が占め、板寝床の下は通路で寝ていた人が占める……バラックは週二回定期的な銃殺のあと人気《ひとけ》がなくなるのでしたが、新入りがつぎつぎとやって来ました。私は板寝床の下から下段の板寝床へ移り、はや上段の板寝床へと昇りつめていましたが、ある日、他の囚人の中で自分の名前が呼ばれました。チャンスはめぐってこなかったと悟りました。しかし、私の名前は誤記されていました。どうやら書き手は誤ってヴィゴンではなくヴァゴンと書いたのです。これで命を救われました。私は黙っていて応答しなかったのです

(ハランスキー『地獄の試練にさらされた人々』)

土間から板寝床の下段へ、そして上段へ、一歩ずつ死に近づく。ヴィゴンにとってもまさに生と死は紙一重だった。

ヤーゴドノエ集落の「セルパンチンカで不法に弾圧された人を探索する会」は一九九一年七月二二日に記念碑を除幕した。これはコルィマで最初の大量弾圧犠牲者のための記念碑だった（《深き悲しみのマスク》は一九九六年）。しかも、その建設資金をヤーゴドノエ集落の住民が集めた国民の記念碑だった。花崗岩に彫られた銘版にはこう刻まれている。

この地には一九三〇年代に取調べ監獄があった。ここで数万人の弾圧された市民が処刑され、その屍《しかばね》はこの峡谷に眠っている

ハランスキーは「ここへ来合わせた人は元のところに戻れなかった。これこそまさに『セルパンチンカ』であり、その怖ろしくも苦い栄光においてソロフキと並び立ちうるものだった」と記す。銃殺された人は無言であるほかないのだ。

4　マリジャク収容所（仮借なき金鉱山）

マリジャク採掘場は一九三七年八月につくられた。地区の中心地ススマン（六四五キロ地点）の北三五キロにあった。ダーリストロイの初期の金採掘企業のひとつで、北部鉱業部に属した。

先住のエヴェン人はあたかもこの地の未来を予言したかのようにマリジャク、すなわち「仮借なき絶滅の地」と名づけた。

弾圧されたインテリゲンチャが一九三七年秋にこの破滅的な場所にマリジャク採掘場を建設するためやって来た。当時、独立収容地点（ＯＬＰ）マリジャクには幹部用の丸太造りの家が二、三軒立っていたが、囚人はテントに入れられ、とうとう冬の間テント住まいのままだった。コルィマのマロースがやって来ると大地はコンクリートのようになり、穴を掘るにはバールで大地に穴をあける必要があったが、一時間に一、二センチがやっとだった。日本人抑留者もマガダンで同じ苦労をしたことは前述した。

囚人の待遇は差別的で、収容所管理部は「出自が階級的に近しい人」、すなわち軽犯罪犯と常習刑事犯を優遇し、刑法第五八条で裁かれた政治犯である「反革命家」「人民の敵」には何の価値も認めなかった。

一九三七年一二月、ダーリストロイ局長がパヴロフに交代して収容所の規制が強化された。一九三八年初めまでにマリジャクには少なからぬ「反革命分子」が集められ、以前は肉体労働をしていなかった中高年層が圧倒的に多くなった。当然ながら、コルィマの条件では中高年層は過度な作業量をこなすことができず、懲罰食を与えられることになる。その結果は肉体の衰弱、発病の増加、労働能力の喪失、死亡だった。飢えを癒すためごみ溜めをうろつき残飯をあさる人が出た。この時期マリジャクの毎日の死亡者数は一〇～一五人だったという。

ダーリストロイの二一採掘場のうちマリジャクは金採掘量ではシュトルモヴォイ（突撃）鉱

山に次いで第二位だった。計画では砂金一〇トンだった。パヴロフ局長は一九三八年六月一日の命令で「労働時間一六時間まで囚人を作業場に留める」ことにした。これでも駄目だとなると流血の大規模な弾圧策がとられた。

一九三八年七、八月にまさにマリジャクではいわゆる「NKVDモスクワ班」の数人が活動していて「コルィマの反ソスパイ・テロ反乱・破壊分子団体」事件を捏造した。その中で「新しい仕事のやり方」として逮捕者に対する露骨な肉体的虐待がなされた。

「コルィマの専制君主」ともいわれた北東収容所長ガラーニン大佐は、マリジャクにやって来たメテレフ検事が国家保安上級中尉ボーゲンや国家保安大尉コノノヴィチとともに二時間で約二〇〇人の銃殺リストを作ったとのちに尋問で証言した。メテレフ検事はすぐに採掘場で判決を執行させ、囚人の目の前で銃殺したのである。

マリジャク収容所の規制と労働の苛酷さ、そして食事の乏しさに耐えきれずに脱走する囚人が続出した。一九三九年初夏までにマリジャクの脱走囚人は六〇人に上ったが、二二人は捕まらなかった。夏秋の洗鉱期に脱走者数が増加したという。

マリジャクは一九五五年に閉鎖された。

◎セルゲイ・コロリョフ（一九〇七～一九六六）

コロリョフはソ連のロケット、人口衛星の開発者として世界的に著名な科学者である。一九五七年に世界初の人工衛星スプートニク一号の打ち上げを成功させ、一九六一年にはユーリー

・ガガーリン中尉（飛行中に少佐に特進）を乗せたヴォストーク号で世界初の有人宇宙飛行も成功させた。
　コロリョフは米ソの宇宙開発競争でソ連を優位に導いた、まさにソ連の宝ともいうべき科学者だったが、このコロリョフでさえかつてマリジャク収容所に送られる非情な運命に見舞われていたのである。

　コロリョフはウクライナのジトーミルで生まれた。一九二六年にバウマン記念モスクワ高等技術学校に入学し、著名な航空機設計者のアンドレイ・ツポレフの指導を受けた。卒業後はロケットの研究に従事し、一九三三年には初の液体燃料ロケットの発射に成功してジェット推進科学研究所の副所長に就いている。

セルゲイ・コロリョフ

　一九三八年七月二七日、コロリョフはＮＫＶＤに逮捕されてモスクワのブティルカ監獄に収監された。容疑は反ソ反革命団体への関与とロケット研究の遅延・妨害行為である。九月二七日にソ連最高裁判所軍事参与会により刑法第五八条で収容所一〇年、公民権剥奪五年の有罪判決を受けた。大テロルは天才的な科学者にすら容赦なく襲いかかったのだ。

　コロリョフがマリジャク金鉱山に着いたのは翌三九年四月二一日のことである。ここではもちろん専門のロケット研究にではなく「一般作業」に従事させられた。起床は四時、朝食はニシン一切れとパン二〇〇グラムとお茶だ。七時からは強制労働。食事は低カロリーだから囚人は長くは持ちこたえられなかった。

コロリョフが土地掘り作業員として、土の層を剥いで洗浄用の場所を用意し、一輪車で金を含む鉱石を機器まで運び、地下三〇～四〇メートルの坑道で働いていたとの証言がある。

同年一二月二三日にはウラジオストク収容所に移送されているから、コロリョフがマリジャク収容所にいたのは八カ月余りと決して長い期間ではない。それでも二〇本の歯を失い、顎をだめにされ、頭には傷跡ができ、ペラグラ（ビタミンB複合体欠乏症）や壊血病を患ったのである。

コロリョフは一九四〇年三月二日、モスクワに移送され、四ヵ月後にはオソの決定で八年に減刑されてツポレフが所長を務める特別監獄「中央設計事務所二九」で仕事をすることになる。こうした動きの背景にはツポレフら著名な学者の嘆願があった。

コロリョフは一九四四年に釈放され、一九五七年に名誉回復されている。

5　ジェルガラ収容所（スターリンのダッハウ）

ジェルガラ金鉱山は地区の中心地ヤーゴドノエ（五四三キロ地点）の西方二八キロのところにある。「スターリンのダッハウ」と呼ばれたところだ。いうまでもなくダッハウ強制収容所はアウシュヴィッツ強制収容所と並び称されるナチスの絶滅収容所である。

ここジェルガラは、コルィマの囚人でもひときわ高名な作家ヴァルラム・シャラーモフが送られたことでも知られる。

スレドネデビン探鉱地区では一九四〇～四一年にジェルガラ川などで金産地の探鉱がなされ、一九四一年五月一九日付のダーリストロイ命令により北部鉱業部で「ジェルガラ」採掘場の建設が始まった。すべての採掘地で砂金の採掘作業が一九四四年まで露天掘りで行われた。翌年からは坑内掘りでの砂の採掘に取りかかった。

一九四〇年代末までジェルガラ採掘場にはザヴェトヌィ川、プラーヴィ・トィエラッフ川、ラズヴィリストィ川、ブイヌィ川に四つの生産地があった。

トィエラッフへは、冬季には橇《そり》道を自動車で行くことができたが、夏季にはトラクターか馬で小道を行った。採掘場の宿営地とトィエラッフの間には夏季に自動車通路もあったがひどく険しく危険な峠道なためどんなタイプの自動車の利用もほとんど不可能だった。

一九五〇年代初め、ジェルガラ採掘場は三つの地区からなっていた。第一地区は採掘場の宿営地から五キロにあり、第二は中央宅地から一五キロのプラーヴァヤ・ジェルガラ川に、第三はジェルガラから二八キロのトィエラッフ集落にあった。

一九五四年一一月、ジェルガラ採掘場は一〇月二七日付のダーリストロイ北部鉱業部の命令で「ブルハラ」採掘場に編入された。

◎ヴァルラム・シャラーモフ（一九〇七～一九八二）

シャラーモフは北部ロシアのヴォログダで生まれた。一九二九年二月に逮捕され、トロイカ

（三人法廷）で裁かれてウラルのヴィシェラ収容所へ送られた。一九三七年一月、二度目の逮捕。今度は刑法第五八条でコルィマ送り五年を宣告され、パルチザン金鉱へ送られた。一九三八年一二月、三度目に逮捕されるが不起訴となり、刑期は増えなかったものの「スターリンのダッハウ」ジェルガラへ送られたのである。

ヴァルラム・シャラーモフ

シャラーモフはこう書いている。

採金場のきれいな冷たい空気のなかで仕事をはじめた若い健康な男が、たったの二〇日か三〇日で瀕死の病人に変わってしまう。毎日一六時間の労働で、休日もなく、しかもたえまなしに飢え、ぼろぼろの衣服をまとい、零下六〇度の酷寒の夜を孔だらけのテントのなかですごさねばならない……採金シーズンに仕事をはじめた作業班全体のなかで、班長自身とその助手、それに班長の少数の個人的な友人をのぞけば、あとは一人も生き残れない。

（アン・アプルボーム『グラーグ――ソ連集中収容所の歴史』より）

これがジェルガラの実態だった。シャラーモフはさらに四度目の逮捕で一〇年を加算されるなど徹底的に弾圧されたが、スターリンの死後、ようやく一九五三年に釈放された。そして記念碑的な『コルィマ物語』を書き残すのである。

6 ブトゥグイチャグ収容所（錫、ウラン鉱山）

ブトゥグイチャグ鉱山は一九三七年につくられた。キンジャルと並ぶダーリストロイの錫鉱山のひとつだった。テニカ道路の二二二キロ地点にあった。

テニカ道路はコルィマ街道の支線で、パラートカ（八七キロ地点）から分岐して北西にウスチ・オムチュグ、オムチャクを経てコルィマ街道六六二地点のネクシカンにふたたび接続する。全長四七四キロでテニカ地区の鉱山を開発するために建設された。

一九四八年二月、ブトゥグイチャグに第五特別収容所（河岸収容所《ベルラーグ》）の第四支部がつくられ、ウラン鉱山の開発が始まった。米ソ冷戦が始まり、核開発競争が激化する中で原料ウランの調達を国家的課題として開発を進めたのである。

ウラン鉱山の企業はダーリストロイに直属し、ウラン鉱の採掘と精製、精選鉱の濃縮、原子力工場への送付を極秘の任務として遂行した。岩石の多い高い峰に囲まれた広い谷間に「悪魔の隠れ場所」として邪悪な権力によってつくられたものだ。そのため「死の谷間」と怖れられた。

戦争が始まるとブトゥグイチャグの囚人の待遇が悪化した。収容所の規制が厳しくなり、労働日の長さが増え、以前は当たり前だった休日が廃止された。条件の厳しさで人々は大量に衰弱した。栄養失調、壊血病、心臓の代償不全である。労働不適者数は人員の半数に達した。一九五五年一月、ブトゥグイチャグ鉱山は閉鎖された。

ハランスキーはこう記す。


骨と頭蓋を、格子つき営倉の残骸を見れば、ここで数千人がウランを採掘して放射線照射を浴びたことを知れば、メダルの裏側を見て、わが国の核の威力に支払われた、まことに測りしれない代価を悟る。

ブトゥグイチャグはコルィマの大地の痛みだった。これを「缶詰にして」保存しなければならない。独裁が何に終わるのか、永久凍土において有刺鉄線と獄舎に具象化された全体主義がどのように見えるのか、を永遠に記憶するために、人々がひとの噂話ではなくじかに知るために。


じつはブトゥグイチャグ鉱山のなかに女子収容所のヴァクハンカがあった。日産能力二〇〇トンの錫鉱石の選鉱場だった。工場は四〇年間にこの六万一〇〇〇トンの鉱石を選鉱した。工場で働いたのは女囚で、ヴァクハンカは「酒神バッカスに仕える巫女《みこ》」を意味する。

ハランスキーはこういう。

コルィマの女子収容所にこんな名前を付けられるのはもちろん、ひどく残忍なサディストの頭脳を持った人間だけだ……古代ギリシャ神の名前が付いた選鉱所が存在し、女性の「人民の敵」の労働を「楽しんでいた」のである。これより怖ろしい罰を思いつけないし、これよりシニカルな処罰法を見つけ出せない。

ヴァクハンカには約一〇〇〇人の女性がいた。多くは「西方の女」、すなわちウクライナ西部の出身者、バルト諸国人、ベロルシア人である。

ヴァクハンカの女囚はこう回想している。

ヴァクハンカへ連れて行かれたのは一九五〇年一月です。そこで三〇〜四〇年代に服役した女性に逢いました。生きた骸骨で、怖ろしくやつれ果てていました……収容所は小さかったのですが、八〇〇人ほどが苦しんでいました。上から三列の有刺鉄線のある板塀に囲まれていました。外側の立入り禁止地帯に有刺鉄線があり、内側のそれも同じでした。隔離房があり、監獄の中の監獄でした……死者は近くに埋葬されました。直接石の中に、五〇センチの深さで、時には棺もなし。一日、二日あとに来てみれば墓は掘り返され死体がなくなっていることもありました。熊が持っていったのです。

ヴァクハンカには、コルィマのどこでも決してお目にかかれない華が咲いているという。

付け加えるとダーリストロイにはもう一ヵ所ウラン鉱山があった。北極圏内チュコトカの「セーヴェルヌィ（北部）鉱山」である。セーヴェルヌィ鉱山は一九四八年にチュコト自治管区のチャウン湾に臨むペヴェク市（北緯六九度）から七二キロのところに開設された。ダーリストロイの第三コンビナートに属していた。当時、チャウン・チュコトカ鉱業部に加えて、チャウン・チュコトカ矯正労働収容所管理部があった。

今ここは廃墟だが、大祖国戦争が始まってから一九五六年までどんな植物も生えない、山の多い、無人の土地で極秘のうちにウラン鉱の採掘と選鉱が行われたのである。

セーヴェルヌィ鉱山の主な労働力は北東収容所の囚人で、その数は数千人だった。北極圏の日の出ない厳寒の季節において飢えと寒さに苦しむ囚人の労働がいかほど苦しいものであったことか。

◎アナトーリー・ジグーリン＝ラエーフスキー（一九三〇～二〇〇〇）

ジグーリンはデカブリストのヴラジーミル・ラエーフスキー（一七九五～一八七二）の曾孫にあたる詩人である。モスクワの南四七〇キロのヴォロネジ市生まれで、第七男子中等学校九年生（一九四七年）のとき、マルクス＝レーニン主義綱領を持つ非合法組織「青年共産党」を創った。

青年共産党は、ソ連政府の言葉と現実の間に大きな乖離があると見ていたからスターリンに批判的だった。仲間の裏切りがあり、一九四九年九月、ジグーリンら幹部が逮捕された。取調べでは半殺しの殴打、氷牢、不眠などの拷問で自白を迫られた。

一九五〇年六月、裁判なしの特別会議（オソ）により刑法第五八条の反ソ扇動、反ソ組織、テロのかどで矯正労働収容所一〇年の判決が下された。二〇歳前後の若者の小さな組織活動に厳罰が下されたのである。それがソ連だった。

タイシェトのラーゲリを経て一九五〇年八月、ジグーリンはミンスク号でマガダンへ送られ、パラートカ、ウスチ・オムチュグを経てブトゥグイチャグ収容所に到着した。

アナトーリー・ジグーリン＝ラエーフスキー

地下二四〇メートルの第一鉱山の坑道でトロッコを押した。坑道の作業は耐え難かったからジグーリンは作業を拒否したが、そのため黒パン三〇〇グラムと水だけで寒い強化規制棟《ブール》に数ヵ月間入れられた。冬に地表で働いてひどい凍傷になり小病院に入れられたりもした。

一九五三年二月、ジグーリンはОЛП（独立収容地点）の「チョールヌイエ・カームニ（黒い石）」収容所へ移された。この収容所の名前が彼の著書の題名『黒い石』になった。ここでは木株を根こそぎにして薪をとったり、鉱山で巻揚機手《ウインチ》として働いた。漸進的な死を感じる日々だった。

一九五三年三月、独裁者スターリンが死んだ。チョールヌイエ・カームニではスターリンの死を祝った——葬送曲の演奏が始まるとみんなの異様な喜びがこみ上げてきた。復活祭のときのように、みんなが抱き合いキスし合った。

しかし、スターリンの死に伴う恩赦では五八条組の政治囚は対象にならなかったのだ。それゆえ、コルィマから脱走できるものではないと知りながら、自由を求めて四人で脱走に踏み切ったのである。収容所から脱走するとき機関銃の銃弾を浴びせられたが、ジグーリンと仲間の一人は重傷を負いながら奇跡的に生き残った。こっぴどく殴られてブールにぶち込まれた。その後、その仲間も死亡し、結局ジグーリンだけが生き延びたのである。

怪我が回復すると、また厳しい酷寒に手錠をつけて坑道作業に駆り立てられる日々。ところが一九五三年一二月、「ジグーリン=ラエーフスキー！　すぐに荷物を持って護送移動《エタップ》だ！」といわれ、「どこへ？」と訊くと「大陸《マテリク》へ、ヴォロネジ行きだ」という思いがけない答である。だがこれはまだ自由ではなかった。またしてもヴォロネジの監獄で再審である。しかしスターリンの死で時代は変わりつつあった。再審で五年の刑期に減刑され釈放されたのである。一九五四年六月二二日のことだ。それでもジグーリンが完全に名誉回復されるのはようやく一九五六年なのである。

コルィマの主なラーゲリには、本章で触れたものや次章で触れるヘニカンジャ、ラゾ記念鉱山以外に、ドニエプロフスキー（錫）、キンジャル（錫）、カニオン（コバルト）、ヘタ（錫）、シュトルモヴォイ（突撃鉱山、金）などがある。

第六章
❄コルィマを生き延びた日本人受刑者

1　捕虜と囚人では何が違うのか

第一章でも触れたように、ソ連は当初から日本人捕虜のなかから「戦犯」容疑者を捜し出して裁こうとした。ソ連が適用したのは国際法に準拠した法令ではなく、主にロシア共和国刑法第五八条によってであった。

第五八条は社会主義的法秩序を掲げるソ連特有の「反革命犯罪」を規定したもので一四項目からなっている（スパイ行為、破壊行為、資本主義幇助、テロ行為、反革命サボタージュ、反ソ行為など）。

一九三〇年代半ばから五〇年代末までのソ連の全囚人の約半数はこの五八条で裁かれた「五八条組」が占めていたといわれるほど広く適用された。

「戦犯」を「反革命罪」で裁くというのは一種の詐術であり、不当な断罪である。日本人受刑者は無実の罪を科された受難者なのである。

裁判かオソで有罪を宣告されることは、大きな運命の分かれ道だった。受刑者は捕虜収容所から監獄か矯正労働収容所（ラーゲリ）に移され、つまり「捕虜」から「囚人」に転落する。囚人になるということは「罪人扱い」され、外国人のただ中で「孤独」を味わい、長期刑による「生還不安」に悩まされることであった。

捕虜であればまがりなりにも国際法の保護を受けられるが、囚人となればただの犯罪者扱いだ。名誉も汚される。ソ連が一九二九年のジュネーヴ条約を批准しなかったことは前述したが、それでもジュネーヴ条約を意識して国内法の「捕虜に関する規定」などを制定して一応「捕虜」に配慮している。

日本もジュネーヴ条約を批准しなかったが、当時の東郷茂徳外相はジュネーヴ条約の準用を表明していた。日本では伝統的に捕虜になることを恥とする文化があり、それに沿った形で「戦陣訓」も発令されている。「生きて虜囚の辱めを受けず」という有名な言葉である。そうした文化風土ゆえ、日本軍は兵士に戦時国際法（ハーグ陸戦法規やジュネーヴ捕虜条約）をまったく教育しなかった。

ソ連はみずから制定した「捕虜に関する規定」などすらきちんと守らずシベリア三重苦を強いたことは既述の通りだが、日本兵は将校の一部を除いて、国際法に依拠してソ連による捕虜の劣悪な待遇を批判したり、改善を要求したりすることは思いもしなかったのである。それが正当な権利であると知らなかった。捕虜になるとは権利を剥奪された存在だとみずから思っていた。これは日本軍の大きな欠点だった。

捕虜から囚人になり、監獄に入れられると、労働は課されなかったが行動の自由はなく、狭い監房に禁固となる。食事は黒パンと水のようなスープや雑穀かゆで足りなかった。監房は不衛生で、労働がないのは楽であっても拘禁感にさいなまれ、狭い室内の圧迫感や同房者とのあつれきなど精神的肉体的苦痛は大きい。

収容所では重労働はあるが構内では行動の自由もあった。労働力として囚人を使役するのが目的だったから主にシベリアや極地など条件の悪い僻地に配置された。日本人「戦犯」も、ロシア・ヤクザでさえ怖れるコルィマ、ノリリスク、ヴォルクタ、インターといった極地の収容所に送られ、マイナス五〇度前後の酷寒のなか重労働に従事させられたのである。

囚人になることはソ連囚人のまっただ中に放り込まれることである。たった一人の日本人として外国人の間で何年も過ごした場合もあれば、数人の日本人が一緒だった場合もある。シベリア「民主運動」による吊し上げなどから解放されてほっとした人も少なからずいたが、今度はヴォール（盗賊）やスーカ（牝犬）と称されるロシア・ヤクザの横暴な振舞いが待っていた。

ヤクザは団結力のある犯罪者仲間を構成し、不文律の厳しい掟を守ることが義務づけられていた。掟としては親兄弟と縁を切る、家族を持たない、監獄や収容所では労働しない、当局へ協力しない、密告しないなど多岐にわたる。

ヤクザの掟を破ると裏切り者としてスーカ（牝犬）と呼ばれた。スーカは当局に協力したため当局のスパイと見られた。ヴォールとスーカは厳しく対立し、ヤクザ同士の大量殺戮抗争が起こった。

これらヤクザは一般刑事囚の上に君臨した。少数ではあっても手製ナイフなどで武装し手荒く暴力を行使したから一般囚は手が出せなかった。働くことはせず、他人のものを巻き上げ、トランプ賭博にひたるのがヤクザのやり方だった。

監獄へ入れられた日本人はまずロシア・ヤクザの洗礼を受けた。数人の手下が襲いかかり持ち物を手当たり次第に奪い去るのである。衣類や毛布だけでなくパンなど食糧さえ奪われた。看守は見て見ぬふりをしておりまさに無法地帯だった。監獄内だけではなく囚人護送車内でもいたぶられた。

捕虜集団には一応仲間の通訳がいたからロシア語を話せなくても何とかなった。しかし囚人となるとそうはいかない。ハルピン学院出身者や陸軍露語教育隊を出た人のようにロシア語に通じた人間は別として、外国人に囲まれながら片言しかしゃべれないことは不便なだけでなく孤独感を募らせるものだった。

一般の抑留者でさえ帰国が何時になるかわからない帰国不安症を抱えていたのに、二五年、二〇年という長期刑を課されると「もう生きて還れないのではないか」と絶望感に襲われる。同じような強制労働を科されながらも、囚人と捕虜とではこのような条件の違いがあったのである。

2　三一柱の日本人遺骨の謎

「日本兵の遺体発見」のニュースから一年後の平成四（一九九二）年八月、厚生省はふたたびマガダンに遺骨収集団を派遣した。マガダン抑留者の三上一次も同行している。

これは、ゴルバチョフソ連大統領が平成三年四月に来日したとき締結された「捕虜収容所に収容されていた者に関する日本政府とソ連政府との間の協定」に基づく、ソ連地域の遺骨収容である。平成三年一〇月のチタ州ドロヴャーナヤ（カダラ第五二収容地区）につぐ第二回目だった。

このとき、マガダン市内では、前年にロシア人により発掘された一一柱に加えて新たに七柱、計一八柱が収容されただけでなく、コルィマ地方の「ヘニカンジャ」という場所でも、三一柱もの日本人遺骨が収容されたのだ。全部で遺骨は四九柱となった。

ヘニカンジャとはどこにあるのか？　一体この日本人はどういう人なのか？

調べてみるとヘニカンジャ（ヒニカンジャ、ヒニケンジャともいう）は、コルィマ街道のパラートカから分岐して北西にウスチ・オムチュグを経て、コルィマ街道のネクシカンに至る「テニカ道路」沿いの奥地にあった。

ヘニカンジャ鉱山は同名の川の渓谷に一九四二年につくられた。これは錫鉱山で、選鉱場を基にヘニカンジャ鉱業コンビナートが操業をはじめた。一九四三年四月のことである。その全施設で北東収容所の囚人が働いていた。

一九四九年五月、第五特別収容所（河岸収容所）第一支部がヘニカンジャにつくられた。この支部には一九五〇年一月時点で一〇一五人の囚人がいた。ヘニカンジャ鉱山は一九五七年半ばに極北建設総局（ダーリストロイ）が再編されるまで操業をつづけた。

一九四七〜五〇年にヘニカンジャ収容所にいた元軽犯罪囚はその回想記で、そこには「多くの日本人捕虜」がいたが、やがてどこかへ移送され、数人が残されたと記しているという（イリーナ・グリバーノヴァ『テニカ』）。ハランスキーも、ヘニカンジャ鉱山で日本人が捕虜の勤めを果たしていたとの「口頭資料」があると記している。

ヘニカンジャは囚人収容所だったから、ここに収容されたのは捕虜ではなく、日本人受刑者だったことは間違いないだろう。厚生省の帰還者からの聞き取り調査では「樺太出身」の受刑者で、四一人の墓があったという。そのうち三一体が確認されたわけである。ただし、死亡者名簿で判明している出身地は北海道などとなっていて樺太出身者は確認できない。

『引揚げと援護の三十年の歩み』によると、樺太からは行政官や企業家だけでなく、些細な、言いがかりとしか思えない理由で民間人が逮捕され、昭和二一年後半から、約四〇〇〇人が逮捕されてソ連本土へ送られたとされる。

また北海道庁が帰還者からの聞き取り調査により、昭和三〇（一九五五）年にまとめた「南樺太地区未帰還者の全般資料」によると、樺太からソ連へ送られた受刑者は約三〇〇〇人となっているから、樺太の民間人に大量の受刑者が出たのは確実である。ヘニカンジャの三一（四二人の遺体がその一部だった可能性は残る。

村山名簿には「ヒニカンジャ　二三名」と出ており、発掘された三一名の一部と見られる。年齢では三〇代が一番多くて一三名、四〇代が五名と中年世代が多数を占めることから民間人だった可能性がある。

ちなみに村山名簿とは、シベリア抑留者でもある村山常雄がシベリア抑留中の死亡者を「かけがいのない人間一人ひとりの無念と命の尊さを、重くその固有の氏名に刻んで歴史に残す」べく、心血を注いで作成した信頼性の高い死亡者名簿『シベリアに逝きし人々を刻す』のことである。名前をカタカナから漢字に変換することで、無名の死者を固有の存在としてよみがえらせた貴重な労作だ。

また埋葬地の地名もマガダン、ヘニカンジャのほかにススマン（二名）、ノーヴィ（元ピオネール、一名）、ドゥスカーニエ（一名）、デビン（一名）、バラガンノエ（一名）、テニカ（一名）が出ており、日本人囚人がコルィマ各地に散在していたことを示している（巻末の付属資料「マガダン・コルィマにおける死亡者名簿」参照）。

ヘニカンジャの日本人について、今のところ具体的なことは何もわからず真相は謎のままである。

コルィマの日本人受刑者数

一体何人の日本人受刑者がコルィマの収容所に送り込まれたのか。受刑者に関するソ連側の公文書館資料が公開されていない以上、日本人の帰還者の証言から推測するほかない。

下表「コルィマ収容所の日本人受刑者数」は帰還者の著作に記録されていたものに、前記のヘニカンジャの数字を加えたものである。一部に重複があるかもしれないが、確認のしようがないのでそのまま合計すると受刑者数が七六名、うち死亡者が三六名となる。ヘニカンジャの死者を聞き取り調査の四一人とすれば、さらに一〇人ずつ多くなるし、収容者全員が死亡したとは考えにくいとすれば、実際の入所者数がもっと多かった可能性は高い。これらを勘案すると、日本人受刑者は一〇〇人以上いたのではないかと推測される。

海軍通信隊

じつはマガダンで一〇年〜二五年を宣告さ

コルィマ収容所の日本人受刑者数

証言者	入域時	出域時	死亡者数	ラーゲリ
山田四郎	4	5	1	インディギルラーグ
竹原　潔	16	19		ラゾ記念鉱山
殿邑　寛			1	ラゾ記念鉱山
佐藤良治	1	1		ラゾ記念鉱山
佐藤正榮	4	7		金鉱山
田崎久三郎	15	12	3	ドニエプロフスキー
勝又　勇	5	3		アリスケート（アリャスキートヴィ）
厚生省調査	31		31	ヘニカンジャ
計	76	47	36	

注：倉井五郎『盗群』には昭和25年9月に日本人30人がマガダンからヴァニノ港へ移送されたとの記述があるが、事実関係が不明なため載せなかった。

れた受刑者でも、コルィマ地方へは送られなかった人もいた。

　占守島海軍通信隊にいた日比野藤雄によると、通信傍受はA（アメリカ）班とS（ソ連）班に分かれていたという。当然ながらA班は英語、S班はロシア語ができた。S班員は、マガダン抑留後は警戒して「ロシア語をしゃべるな」と申し合わせていたが、後に仲間の密告でばれてしまった。

　海軍通信隊のS（ソ連）班員だった松本博文（博已）によると、昭和二四年夏、取調べを受けて一～二ヵ月後に一〇年の判決を受け、監獄（赤い家）から作業に駆り出されたという（松本博文「終戦から哈府まで」）。

　松本ら通信隊S班の受刑者二七名は、マガダン抑留兵が帰国したあとの昭和二五年二月ころ、飛行機二機に分乗してハバロフスクの収容所へ送られた。そのうち一六名は幸運にも同年四月に帰国できた。この短期抑留者最後の帰還船では刑事犯だけでなく、五八条組の政治犯の一部もなぜか刑期未了のまま帰還しており、一六名はそれに加えられたようだ。残りはハバロフスクで強制労働に服し、三名は昭和二八年一二月の長期抑留者の第一次帰国船で、八名は第一一次の最終帰国船で、というふうに帰国の時期は分かれた。

　占守通信隊は「大陸」に送られた将校一七名を含めて、全員が帰国を果たすという幸運に恵まれた部隊だった。

　マガダンの受刑者は、陸軍組はコルィマ地方へ送られ、海軍組はマガダンに残留して強制労働に服する、という具合に運命は分かれたのだった。

一方、コルィマの収容所で強制労働させられた日本人も二種類に分けられる。ひとつのグループはマガダンの第八五五収容地区にいた受刑者で、もうひとつのグループは「大陸」の収容地区にいた受刑者である。本書では便宜的に、前者を「マガダン組」、後者を「大陸組」と呼ぶことにする。

本章で取り上げる受刑者のうち、マガダン組は山田四郎だけで、あとは大陸組である。

3　マガダン組

◎山田四郎（ウスチ・ネラの金鉱山）

山田四郎中尉は第七大隊長として、同時に大隊群長として、マガダン第八五五収容地区全体を統率するトップの立場にあったが、坂東宗光少尉、菊地信一少尉、佐々木正制《まさのり》通訳の三人の幹部とともに昭和二三年五月に逮捕され、裁判なしで刑法第五八条により一〇年の刑を言い渡された。前述した差別給与問題で「盥回し《たらい》」方式をしたことや、演芸会の内容が理由だった。民主グループから反ファシスト委員会へ、という「民主運動」の変化に対応した動きとみることができる。「山田イズムを打倒せよ」が叫ばれていたのである。

判決を受けた四人のうち三人が奥地の収容所へ送られ、ひとり取り残された山田四郎は自暴自棄になっていたが、そのとき祖国日本からの手紙（じつは葉書）を八通手渡された。妻から三通、友人から五通だった。葉書を読んだ山田は「異常なショックを受けた」

Y君の手紙には貧しいながら元気に明るく暮らしている家族の様子が、細々と書かれ、次のような言葉で私に呼びかけていた。

『逞しさが信条のシーよ！（私の幼い時からの渾名）　逞しさが最後にものを言う。逞しさを失う勿れ』と繰り返し繰り返し書いてあった。

私はそれを読んだ時に本当に背中をドヤされたような気がしたのである……私が誰も知らない地にこうしているこの瞬間でも、私のことを考えてくれる人間がいる。妻や子供は勿論のこと、幾人もの友達が私の無事を願っているのだ。そうだ昔のたくましさを取戻して生き抜かなければならない。生き抜いて行けばきっと機会がある。私は愕然として目が覚めたのである。

（山田四郎『黒い雪』）

これから奥地のコルィマへ送られるというときに届いた友人の葉書で目を覚まされた山田は考えた。

さてこれからの奥地の囚人生活をどうして生き抜くか、私はふと残された小さなリックサックの中に、絵具と筆のあることに気がついた。そうだ絵描きだ絵描きにかぎると決心したのである。早速その日からバラックの中で絵描きを始めた。そして彼等の似顔を描いて、色を着けてやることを始めたのであるが、間もなくそのバラックで私の画名が高くなった。

（山田四郎『黒い雪』）

にわか囚人画家、山田四郎の誕生だった。思いつきで始めた絵描きが身を助けることになった。なぜなら絵描きは室内の作業であり、酷寒の屋外での辛い労働を免れるからである。スターリンの肖像画やポスターなどを描かされるから、自分の好きな画を描けるわけではないが、肉体労働を免れるのは大きい。

ソ連（ロシア）という国はじつは芸術家をとても大切にする国である。文学者や音楽家（作曲家、声楽家）、演劇家などは大変尊敬される。その中にはもちろん画家も含まれる。だから収容所でも画家は大切にされた。

絵描きに限らず、「芸（技）は身を助ける」はシベリアでは真実だった。手に技術を持つ者、たとえば医師、画家、理容師、大工、左官、旋盤工などは一般作業員より恵まれた待遇（ノルマの達成が容易、高賃金など）を受けることが多かった。後出する蜂谷彌三郎は見よう見まねで身につけた理髪の技術でマガダンを乗り切った例である。それだけではなく、自分本来の仕事に就くと気持ちの上でも張りが出てきてしゃんとするため、生き延びるためにはプラスである。

山田は昭和二四年六月にコルィマ街道のススマンの収容所へ飛行機で空輸され、そこからトラックでウスチ・ネラへと移送された。

ウスチ・ネラはマガダン州の西隣りのヤクート自治共和国（現サハ共和国）に属し、マガダンからは一〇一七キロ、コルィマ街道のほぼ中間点にある。街道では最北の北緯六四度に位置する。

ここにはインディギルカ矯正労働収容所があった。この名前はコルィマ河と並ぶ大河、インディギルカ河にちなみ、極北建設総局（ダーリストロイ）と北東収容所の管理下にあった。金とタングステンを生産する中心地である。

ウスチ・ネラでは奥地へ送り込む囚人を医者が選別する——手があるか、足があるか？と。指がなくても手足があれば奥地へ送られた。コルィマの酷寒による凍傷で指などを失った囚人が多かっただけでなく、奥地送りを逃れるために故意に自傷行為に走るものも少なからずいたという。

山田四郎『黒い雪』
表紙の画

奴隷市場のような選別作業を見ていた山田はこう書く。

ほんとうに髪が逆立つような思いがした。それは恐怖ではなくて、怒りのためである。人間の世界にこんなことが行われていいのかという怒りのために、身震いがする。

（山田四郎『黒い雪』、傍点原文）

山田は手足があったから、ウスチ・ネラの南にある「バガテリー（ボガトィリ）金山」へ送り込まれた（ボガトィリとはロシアの英雄叙事詩に出てくる勇士を意味する）。

近くには、マイナス七一℃を記録した「寒極」のオイミャコンがある。一日金一二グラムがノルマだったが、山田は狙い通り絵描きとして働くことができた。

昭和二五年一二月に「ハタナッハ」という収容所に送られ、そこに「ナラ・シンジ」という日本人の墓があることを知った。ハタナッハはおそらく「ハトィナフ」のことだろう。

山田は異郷で孤独に死んだナラ・シンジの運命にみずからの境涯を重ね合わせて、ナラのことがとても気になった。ナラの臨終に居合わせたロシア人から「寝たまま胸の上に合掌をして、長いこと何か声を出して言っていた」と聞き、山田は非常に胸を打たれる。


シンジを知っているという囚人たちの話では、東京の人で、無線のことが詳しい非常に賢い人で、歯が全部金であるということだから、若い人ではないのだろう。妻子のある人かもしれぬ。おそらくナラ・シンジ氏は自分の死を察し、胸に合掌して両親や妻子に向かって、別れの言葉を言っていたのであろう。そんなことをいろいろと想像してみると、ますますその人のことが気になるのである。

（山田四郎『極北の強制収容所に生きて』）


他人《ひと》ごとではないと思った山田はナラの墓に詣でたいと願っていたが、新たな死者の墓掘り作業を買って出てついにナラの墓標「四二番」を発見する。捧げる花もなかったが、もし生きて還ったらナラの遺族に知らせる決意を固めた。

山田四郎の一念は思いがけない形で実現する。山田は昭和三一年六月に帰国し、七月に日比谷公会堂で帰国報告会を行い、その中でナラ・シンジのことにも触れた。すると、講演後の控室にナラの遺族が現れたのだ。

夫人は奈良千鶴子という人であった。たまたま知人が私の話をきいて、急いで電話したそうである……奈良氏は無線の技士で、軍属として関東軍の通信の仕事をしていたそうである。金の入れ歯であることも本当であった。夫人の話では、奈良氏は熱心な仏教の信者で、自分には仏様がついているから絶対大丈夫だと、口ぐせのように言っていたという。臨終の床で合掌し何か言っていたのは、念仏を唱えていたのであろうという。

（山田四郎『極北の強制収容所に生きて』）

死亡者名簿には「奈良眞次、一九〇六年生まれ、一九四九年二月六日死亡」と出ているから享年四三歳。コルィマで人知れず無念の死を遂げた奈良眞次の御魂はようやく成仏したであろう。

山田はウスチ・ネラ周辺の収容所を転々としながら観察している。

まずどこも囚人の収容所があり、それを護衛するための内務省警備隊の兵舎と、幹部連中の家がある。その付近に鉱山関係の仕事をしている人の集落があるが、大部分は囚人上がりである。集落の中にはチャチな劇場とクラブがある。捕虜収容所とは違ってだいたい食物には不自由をしていない（時期的にも昭和二四年と遅い）。収容所の幹部連中はヤクート人の女を「臨時

山田四郎と家族　昭和32年頃
（松本博己氏提供）

の妻」にしていたという。

昭和二五年三月、山田はおよそ九ヵ月ぶりにウスチ・ネラから、トラックに乗せられマガダンに戻った。日本兵はすでに五ヵ月前に帰国していたが、伊藤勇一という満洲の元曹長と出遭う。伊藤はロシアの東端、チュコトカに抑留されていたという。

山田は伊藤とともにすぐに空路でハバロフスクの収容所へ送られたが、別々に奥地に送られていた坂東少尉、菊地少尉、佐々木通訳とそこで再会している。コルィマから四人とも生還できたのはおそらく期間が一年以内と短かったことも幸いしたのだろう。

山田四郎はハバロフスクでさらに六年拘留されたあと、期限前釈放されて昭和三一年六月九日に帰国した。

山田四郎は召集前に勤めていた札幌農業試験所の技師に復職したという。

4　大陸組

◎竹原潔（ラゾ記念錫鉱山）

竹原潔は一五人の日本人とともに、昭和二四年四月下旬、ヴァニノ港からマガダンへ「奴隷船」で輸送された。

同行した殿邑《とのむら》寛は、船中でロシアの囚人が唄う「アフ・トイ・ドーリヤ・マヤ・ドーリヤ…（ああ、なんじ、運命、わが運命よ）」を「囚人の呻き声のように」聞いたという（殿邑寛『ラゾ』鉱山に働いて」）。殿邑寛はヴォロシーロフ監獄からジェスカズガンなどを経て、ヴァニノに送られてきた。この唄はおそらく、弾圧された社会運動家（ナロードニキ）のセルゲイ・シネグーブの唄「運命《ドーリヤ》」の替え唄だろう。マガダン送りの囚人たちは、かつて政治闘争に敗れて九年の苦役を科された詩人の唄にみずからを重ね、囚人のフォークロアとして唄い継いでいたのだろう。

ああ、なんじ、運命《ドーリヤ》、わが運命よ
苦(にが)きわが運命よ
わが運命はいずこへ――
シベリアへ

（中略）
いまや酷寒の監獄
地下の真っ暗な坑道
そこで友と出遭った
こんにちは、友よ、一緒になったね

竹原らは大勢の囚人とともにまさしく「苦き運命」に向かっていたのである。

竹原潔中佐は第一〇八師団参謀で、昭和二〇年七月末まで特務機関アバガ機関（関東軍情報部アバガ支部）長を務めた情報将校である。アバガは内モンゴルのシリンゴール盟にあった。

竹原は「それはどんな生活だったのか――十一年に亙るソ連での抑留生活の記録」（『いわれなき虜囚』二十四～二十六号）という抑留記と「十一年シベリア抑留画譜」（『いわれなき虜囚』二十三号）という画集を残した。

終戦後、竹原は海城収容所（奉天）に収容され、昭和二〇年一一月、一〇一二名の大隊で海城をシベリア鉄道で出発し、三五日後に将校収容所のモルシャンスク第六四収容地区に着いた。

ソ連当局は特務機関員というだけで「戦犯」容疑者と見なしたから、竹原も昭和二二年五月に初めて取調べを受けるが、まだ逮捕されてはいない。そして昭和二三年四月、ハバロフスク第一六収容地区へ送られた。

ハバロフスクはシベリア「民主運動」の中心地だった。それゆえ、将校の竹原らはここで激しい「民主運動」にさらされることになった。

竹原は「アバガ特務機関長」という前歴を暴かれ、昭和二三年一一月から取調べ、そして一二月末に逮捕され「赤い監獄」に収監された。昭和二四年一月、刑法第五八条によりスパイ行為で矯正労働二五年の判決を受ける。ソ連の裁判が茶番であることを知っていた竹原は「笑って受けてやる」覚悟だった。

昭和二四年四月下旬、ハバロフスクからヴァニノ港へ、ヴァニノ港からマガダンへ送られた。マガダンにはまだ日本人捕虜がいた時期である。中継監獄の入口には、「民主主義の城塞、わがソ同盟を強化しよう」というスローガンが掲げられていた。

竹原はバラックに入ろうとしてハッとして足を止めた。

入口の丁度靴拭いの位置に菊の御紋章がセメントで作られて土中に埋められているではないか。これが、狡猾、破廉恥なシベリヤ民主主義者の考えだした踏絵である。話には聞いていたが、見るのは初めてである。

バラックに入って行くロスケ共はこんなものに気のつく筈はなくドンドン泥靴で踏み付けて行く。まるで心臓に釘を打ち込まれるような気がしたが私は黙っていた。若し私がそれを押し止めようとしたならば、その理由を説明せねばならず、理由を説明すれば、日本人の恥を彼等に知られる事になるからである。

私達日本人はみんなソッとそれを避けてバラックに入った。

（竹原潔「それはどんな生活だったのか——十一年に亙るソ連での抑留生活の記録」）

ソ連の収容所のあちこちで、アクチーヴが皇室に対する悪意に満ちた踏絵を設置していたのである。日本人の醜悪な変節ぶりを示すものだった。

日本人一六人のうち竹原は殿邑、吉田とともに飛行機で北へ三八〇キロ離れたセイムチャンへ空輸され、さらにトラックでラゾ記念鉱山へ送られた。他の一三人がどこの収容所へ送られたかは不明である。

鉱山の名前のもととなったセルゲイ・ラゾは、ソ連の英雄の一人である。ラゾはボリシェヴィキのパルチザンを指揮してシベリア、沿海州で活動した。シベリア出兵中の日本軍に捕えられ蒸気機関車の罐《かま》で焼かれたとされてきたが、じつは出された食事を投げつけたため日本の衛兵に刺殺されたのだという。ラゾはソ連の英雄として各地に記念碑が建てられた。

ラゾ記念鉱山は一九四〇年八月に稼働を始めた、コルィマの大規模な錫採掘企業のひとつで、一九五五年初に廃止された。

竹原には「ＥＭ３８　３６７６５」という囚人番号が与えられた。囚人はもはや番号にすぎない。最初の仕事は「釘づくり」だった。それも一二時間労働だ。

職場の一二年目の古参囚人から竹原は三つの心得を忠告された。

・出来るだけ働かないこと

・サバーカに気をつけること（サバーカとは雌犬のことで内部スパイを指す）

・人とは喧嘩をしないこと。

釘づくりの方は自動車の歯車を利用することによって、器用にもノルマ一〇〇％以上を達成し、追加食をもらった。

次はいよいよ坑道の仕事だった。不思議なことに、竹原は一年半もラゾ鉱山にいて、ついにここが何の鉱山かわからなかったという。トロッコに鉱石を積んで押して運ぶ作業は衰弱した体には重労働であった。収容所きっての大親分である班長とのトラブル、落石による右手の大けがによる入院五五日。

退院してきた竹原を班員たちはまったく無表情で迎えた。

ラーゲリでは悲しみも苦しさも一人で堪え抜き、喜びも楽しさも一人で味合うだけである。千三百人の囚人は私にとっては路傍の石に過ぎない……孤独とはその生死を何人《なにびと》も知ることのない境遇である。

ここでの私は、日本がどうなっているかは知らない。入ソした六十万の関東軍は既に、全部帰還したかも知れない。家族の消息も勿論ない。孤独。正に孤独である。それは決して文字の遊戯ではない。私はその孤独の中で生きているのである。

コルィマの囚人は、このように捕虜収容所とはまったく異なる「孤独」を噛みしめなければならない境遇で生きるのである。

入ソ以来四年、昭和二五年一月、ラゾではマイナス五四度になっても休ませない。ぼろ切れで顔を包み眼だけ出した異様な風体で警戒兵とセパードに追い立てられながら鉱山労働が続く。

私はラーゲリでは特殊の存在である。日本人、日本軍の将校、日本軍の中佐、話はしなくても、私を知っている者は多い。

気息奄々の日々でも竹原は日本軍人としての誇りを決して失わなかった。鬼のような班長にも妥協せず、朝鮮人医師の張《チャン》に何かを頼むこともしなかった。それでも次の冬を越せるだろうか？

寒さそのもので凍死するようなことはあるまいが、この体の弱りようで「コルィマでの」二冬目を乗り切ることは難しいかもしれない。張君を利用するのは憚られるし、「乞食」や「泥棒」もやれるわけがない。

死んで行くより外はない。

死を覚悟し、どんな死に方よいかと自問すらした竹原だったが、生還三〇年後に、「その儘《まま》、死んだ者が何人いるだろう。日本人の啾々《しゅうしゅう》たる鬼哭《きこく》の声が聞こえる」として一枚の画を描き残した。

竹原潔は昭和二五年九月に殿邑寛ら三人の日本人とともに、飛行機でマガダンへ輸送された。マガダンでは前年四月に別れた人の大部分と新顔四〜五人の一四〜一五人と合流する。ラゾ鉱山には一年半ほどいたことになる。そして一〇月には貨客船でヴァニノ港へ、一二月に貨車でハバロフスク第一六収容地区へ移送された。

竹原潔画「鬼哭啾々」
（『いわれなき虜囚』第23号）

「人が死ぬると、はだかにして車に積んで近くの谷間まで運んで捨てられる。野犬も居らず狼さえも生息していないカリマである。死がいがどうなるかは知らない。昭和二十四年の冬はやっと越えられたが二十五年の冬は越せまい。私は覚悟をしていた」

しかしこれで帰国できたわけではない。さらなる六年もの拘禁・強制労働を経て、昭和三一年一二月の最後の帰還船で帰国したのだった。

ちなみに、作家の山崎豊子は殿邑寛や竹原潔の話を基に小説『不毛地帯』でラゾ収容所を描いたのだという（殿邑寛「『不毛地帯』に書かれたラゾ・ラーゲリについての竹原潔様からの便り」）。主人公壱岐正のモデルとされる瀬島龍三はラゾには抑留されていない。

竹原潔は帰国後、弟が経営する大阪の工務店で共に経営に当たり、仕事の合間に「それはどんな生活だったのか——十一年に亙るソ連での抑留生活の記録」という手記と「十一年シベリア抑留画譜」を書き残して昭和五七年に七七歳で死亡したという。

◎則本太郎（ラゾ記念錫鉱山）

則本太郎は昭和二四年一一月にラゾ記念鉱山へ着いたとき竹原潔ら三人の日本人と出遭ったが、彼らは数日後に隣りの収容所へ転出したと記しているからほんの瞬間的な出遭いだった（川崎英太郎「故則本太郎氏の数奇な運命——辛苦十一年余のシベリア抑留メモについて」『いわれなき虜囚』第二十一号）。

則本太郎は昭和二〇年一〇月、満洲の孫呉からアムール州スコヴォロディノ（旧ルフロヴォ）第六収容地区バーム駅に抑留された。昭和二二年六月にはチタ第二四収容地区へ転出。この間、旅順要塞司令部特情班にいたからか、アクチーヴからは烈しい吊し上げを受け、ソ連特務将校からは取調べを受けた。

昭和二四年七月、約四〇名とともに刑法第五八条第六項スパイ行為で二五年の判決を受け、ヴァニノ港へ送られる。ここには樺太第八八師団参謀長鈴木康生らもいたが、三五歳以下の者だけがマガダンへ送られることになったという。コルィマに年寄りはいらないというわけだ。マガダンには昭和二二年一〇月末に着き、一二月にはトラックで日本人としては一人だけラゾ記念鉱山へ移送された。そこで竹原らと出遭ったことは前述した。

囚人番号「Ｐ《エル》１—０５１１」を三ヵ所に縫いつけた囚人服姿で錫鉱山の作業に就いた。地下五〇〇メートルでトロッコ押し。八時間労働で週ごとに昼夜を交替する。そのうえ二時間の残業があり、飲料用水の氷割りや薪取りをやらされた。

鉱山作業半年でダウンし精錬工場にまわされたが、ここで作業班長カリガエフに出遭ったことで「大助かり命拾い」をした。親元からの小包のおすそ分けや軽作業への配置をしてくれたのだという。もう一人、白系ロシア人のポットコーフからは食料の補給を受けた。この二人が大恩人だった。地獄のコルィマではこういう出遭いこそが救いとなるのだ。

昭和三〇年一月、ラゾからマガダンへ移送され、ナホトカを経由して二月にハバロフスクへ到着して第一六収容地区へ入れられた。ここで取り上げたなかでは最長の五年三ヵ月に及ぶコルィマ生活を生き延びて旧知の日本人と再会できた。則本は振り返って「まる五年間良いことは何もなかった。…只天命と諦めて…その日その日を…おくるのみであった」と記す。昭和三一年一二月、最後の帰還船で則本は故郷に戻った。

以上は戦友の川崎英太郎が則本太郎から託された詳細なメモをもとに寄稿したものである。

◎佐藤正榮《まさえい》（金鉱山）

佐藤正榮は樺太の北部軍情報部恵須取《えすとる》機関員だったが、昭和二〇年八月末に豊原でソ連軍に逮捕された。特務機関員だったというだけで「戦犯」容疑をかけるのがソ連の常套手段である。

旧豊原刑務所に収監されていた佐藤は翌年六月、真岡港からウラジオストクへ船で輸送されたが、「船倉内は蒸し暑い。薄暗い。空気の換気が悪い。盗人が右往左往する。疲れる。悪臭がひどい。騒々しい。正に生き地獄である」（佐藤正榮『コリマ（北極圏）から生還した流刑囚C（エス）―104号』）。これからの苛酷な囚人生活を予告する船旅だった。

ウラジオストクからハバロフスクへ送られ、未決監獄の「赤い監獄」に収容された。そこで昭和二二年一月、刑法第五八条第四項（資本主義幇助）で矯正労働収容所一〇年の判決を下される。三月、ストルィピン（囚人列車）でまずイルクーツクの中継監獄へ、そこから貨車で後戻りしてウルガル第六〇三収容所へ送られた。

佐藤は昭和二四年一〇月にヴァニノ港に送られるまで、ウルガル周辺の収容所を二年半ほど転々とした。労働能力二級と判定され、伐採作業や砂採り、収容所造り、道路工事、トンネル工事などをやらされた。砂採りではパン増量欲しさで働いて、逆にノルマを三㎥から四・五㎥に引き上げられる苦い経験もした。

次第に衰弱が進みオーペー（休養班）にまわされる。オーペーは捕虜収容所のオーカーに相当する。食料が少し増量され、営内の軽作業となる。それでも医務室入室となるほど衰弱は進行した。そのとき、痩せ衰えた佐藤は日本人の元上司からマホルカ煙草をせびられ、断ると心ない捨て台詞をあびる――「どうせ、くたばるくせに！」

これは佐藤が終生忘れられない言葉となった。

医務室から病院に移された佐藤は、六〇三収容所で一緒だったことのある蜂谷彌三郎と再会する。二人はともにマガダンへ送られる運命だった。

病院では食事もよく、注射も打ってくれたが、半年近く入院しても元の健康体を取り戻すことはできなかった。

退院後四ヵ月ほどした昭和四九年一〇月、ヴァニノ港へ送られた。ヴァニノ港は、佐藤がかつて働いていた樺太・恵須取《えすとる》の対岸である。一一月二五日出航、懐かしい稚内を望見しながら三〇日にナガエヴォ港に到着し中継監獄に入れられた。

幸運にも厳寒期はマガダンで過ごし、半年後の昭和二五年五月、奥地の金鉱（佐藤は自著に地名を記していない）へトラックで送られた。班長が白系ロシア人で日本人の「松浦」もいた。八時間の三交代制で金採掘作業である。囚人番号「Ｃ《エス》―１０４」が与えられ背中、膝、帽子にこの番号を書いた布を縫いつけた。

コルィマへ送られた佐藤正榮だったが、地獄で仏ともいうべき人物に出遭うことになる。班長のニコライである。ニコライは浅野部隊（満洲国軍白系ロシア人部隊）にいた軍人で、日本語ができたうえ「親日家」だったので佐藤にはよくしてくれた。「極北のコリマから無事帰国できたのも、彼の絶大な力添えがあったればこそと、今でも感謝にたえない」と佐藤が記すほど、決定的な出遭いといえた。

地獄で命を救うのは技（芸）であったり、人との出遭いであったりする。

金鉱に来て一ヵ月ほどで膝下が「大根のように」腫れ上がり化膿した。壊血病らしいが医者は休養を許さない。するとニコライ班長がすぐに医者にかけあってくれたため、二日間の給養に加えて注射を四本も打ってもらえ、回復に向かった。

彼「アンマノフ」の言う通り、他の人の目にもうつるくらい、班長のニコライは良くしてくれたので、なお一層頑張らなければと心に決めた。彼と一緒に仕事をさせてもらったのは約一年近くであった。

鉱山のすみからすみまでわかるようになったし、足場作りをはじめもろもろの仕事も一人でできるようになった。体が全く元通り元気を取り戻せたのも、班長とアンマノフのお蔭と心から感謝している。

もう一人の「心の通じ合える味方」がアンマノフだった。アンマノフはウクライナ人だったが、ウクライナ人はスターリンに弾圧された民族だったから、佐藤に同情的だったのだろう。佐藤は賃金をニコライ班長に預けておき、必要な物を買ってきてもらっていたので、お返しに食事の世話をした。

その班の一番最後に班長用の飯盒《はんごう》を出して、「ブリガジール［班長］」の一声を添えることによって、普通労働者の倍以上支給してくれる。班長はそんなに大食ではなく、さじで六、七回食べれば終わりなので、飯盒《はんごう》から皿に移して差し出し、そのそばに飯盒《はんごう》を置いたが、ほとんど手をつけることはなかった。

「サトーさん後片付けしてして下さい」

この言葉を食事のたびに待っていた。

お蔭で食事は二人分以上食べられた訳で、こうした積み重ねが健康を取り戻す元となったのだと思っている。

こうしたニコライの温かい配慮があったため佐藤は生き延びられたのである。

佐藤は集石器を操作する機械操縦者として実績を上げ、一二〇％を超える優良労働者になってパンや粥が増配されて体力も回復してきた。しかし削岩機を使ったわけでもないのに、粉塵を吸ったため後に塵肺になった。

昭和二九年三月、佐藤は思いがけず「二年以上もの間一二〇％を超えるノルマを上げていたので、刑期が十七か月繰り上げられての刑期満了」を告げられた。早速、マガダンへ移送された。

だがマガダンに着いてもすぐに帰国とはならず「自由人」として働かされた。「使える限り働かせる」という、いかにもソ連らしい処置である。マガダン街道七二キロ地点のガラス工場で伐採や集落建築の大工作業、道路補修をしなければならなかった。

再びマガダンへ戻ったのは、一年近く経った昭和三〇年二月のことである。

マガダンでは蜂谷彌三郎と再会した。二人の運命は交錯しながら、ここで大きく分かれる。

佐藤は間もなく帰国するのだが、民間人だった蜂谷には帰国の話が一切なく、刑期満了後はソ連人の女性と結婚してソ連国籍を取得した。帰国を果たして、日本人の妻と再会するのは、四〇年以上あとの平成九（一九九七）年三月のことである。この数奇な人生は、『クラウディア奇蹟の愛』（村尾靖子）などにも描かれている。

佐藤正榮（左から４人目）ら舞鶴上陸記念写真　（佐藤正榮『コリマ（北極圏）から生還した流刑囚C–104号』）

昭和三〇年二月、佐藤正榮は六人の日本人とともにハバロフスク行きの飛行機に乗せられる。ハバロフスクでは「自由人」としてなおも収容所（！）に入れられ、またしても働かされた。「働かざる者食うべからず」の国である。

佐藤正榮らは昭和三〇年四月、興安丸で舞鶴に生還した。「コルィマに行けばもうおしまい」といわれながら「幸運にも無事帰還できた」佐藤は次のように述懐している。

> 抑留生活中、二回も一酸化炭素中毒によるガス中毒事故から逃れたし、劣悪な食事と強制労働に耐えられず、体力衰弱して倒れ、仲間と医療関係者の手厚い看護で助けられた。岩盤の崩落寸前に仲間に助けられ、幾度か命拾いをした。正に九死に一生を得た思いである。

故郷の北海道本別町に戻った佐藤は「胸が熱くなり涙が出た」。開拓農家の二男坊だった佐藤は翌年、本別町農協に就職し、結婚して一男一女を授かった。

◎勝又勇（アリャスキートヴィ・タングステン鉱山）

勝又勇は憲兵で関東軍の第二特別警備隊に配置されていた。勝又と同じくアリスケートに送られた浅田辰次もこの第二特別警備隊員だった。勝又は終戦後、敦化で武装解除され、昭和二〇年九月、ソ連軍に拘束されて、ヴォロシーロフ監獄に入れられた。二人とも同じような経路をたどって、コルィマへ送られることになる（勝又勇「抑留並びに受刑生活の一端」『続　朔北の道草』、浅田辰次「極北『アリスケート』」三上一次『1945〜1949・マガダン』）。

勝又勇は昭和二一年五月に独房に移されるや、取調べが始まった。いくつもの拷問の中でも「魔の冷凍暗室監房」は最も厳しい拷問だった。

房内は真暗の為め、私は中の様子が皆目判らず手探りで確かめていくと、壁は昔の冷蔵庫の中の様に二糎《せんち》位の霜で壁に触れるとパラパラと霜が落ちた。床はコンクリートで、全体が凍りついてツルツル滑る様である。左側の壁に副《そ》って「コンクリート」も寝台が固定してあるが、恰も大きな氷の固りのように思われた……毛布を四ツ折りにして寝台の上に敷き、防寒外套を着て防寒靴をはいたまま寝てみたが、七・八分すると骨の髄から冷えて来て、とても眠ることは出来なかった……暗室の中では昼夜の別も判らず、パンと水も差入れを午前七時とし、燕麦のかゆの差入れを午後六時として計算していたが、一週間もすると頭がボーッとして来た……三週間もすると、堪え難き寒気の中に無気味な妖気が物凄い勢で身体に覆い被さる様に襲って来る。これに対する恐怖の余り大声を発することがしばしばあった。

このままでは気違いになる、と危機感を抱いた勝又は思案を重ねて、「無我の境地に徹するより他はない」「心頭滅却すれば火もまた涼し」との結論にいたる。これで心の平静を保つことはできたが、今度は身体に変調をきたす。腰部から右足全体に耐え難い神経痛、胸痛、呼吸困難。

看守に身体の異常を訴えて、入室五ヵ月目にしてようやくこの魔の冷凍暗室から半死半生の状態で脱出できたのだった。即入院となったが、これも五ヵ月続いた。

昭和二二年八月上旬、特別会議という欠席裁判により一五年の強制労働を宣告され、ストルイピン（囚人列車）でバム鉄道沿線の囚人収容所へ送られて伐採に従事した。二ヵ月後にはウルガルの六〇三収容所に移され、伐採や道路工事をやらされた。浅田辰次も昭和二二年三月に六〇三収容所へ送られていた。二人とも周辺の収容所を転々とし、衰弱して入退院を繰り返している。

勝又は浅田とともに昭和二四年八月（浅田によると七月）、ヴァニノ港からマガダンへ送られた。そこから二人は、文字通りの極北の「アリスケート」収容所へ送られたのである。これはタングステン鉱山だった。

勝又によると、マガダンからトラックで三日間、一二〇〇キロ走って中継地に至り、さらにそこから二日目に大河（インディギルカ河か）を渡ったとき、「ここから五キロも行くと北極海だ」といわれ「三個の氷山」が見えたという。そこから八〇キロほど走行してアリスケート収容所に着いた。この記述からすると、アリスケート収容所は北極海にほど近い北極圏に位置することになる。

コルィマの収容所でアリスケートに近い名称は、アリャスキートヴィ・タングステン鉱山だが、これは北極圏とはだいぶ離れており、山田四郎が拘留されたウスチ・ネラの北西数十キロほどのサハ共和国にある。

村山名簿には、じつはサハ共和国の「アリャスキトーヴィ」に「サイトウ・マサヨシ、一九一五年生まれ、一九四九年五月三一日死亡」と日本人一名の死亡者が記載されている。死亡者が出ていることからここに日本人が拘留されていたことが証明されたので、アリスケートがアリャスキートヴィであることはほぼ確かと考えられる。

勝又は収容所で会ったウクライナ人囚人から、一五年前に三〇〇人がここへ送られてきたが三人しか生き残っていない、「お前も祖国の土を踏めないであろう」と不吉なことといわれる。冷凍暗室監房を生き延びた猛者、勝又も言葉を失ったことであろう。

まず伐採作業、つぎに坑木運搬。そして一二月、ついに坑内作業となった。削岩機で発破用の穴を掘削するが、特別な衣服もマスクも支給されない、安全無視の作業をやらされる。わずか三日目には倒れてしまい、鉱石運搬に替わった。

それでもタングステン鉱山の作業は体力の消耗が激しく、心臓疾患もあったためついに「死を決意する」にいたる。
諦めの心境に到達した勝又は、ワゴン車で運搬してきた鉱石を貯積場に落下させるときレールの上に残された鉱石を取り除く作業の相棒に「私は力の限りやっているので、これ以上は駄目だ。明日からはパンを全部貴方に渡すから二人分の仕事をやって貰えぬか」と頼んだのである。ほとんど自棄の行為だ。怪力のウクライナ人の相棒は引き受けてくれた。

私は一日二日と新たに死を決意しながら一日分のパンを相棒に渡し、相棒は額に汗して二人分の作業を遂行していった。私は死を日々、決意しつつ空腹の苦痛に耐えながらお茶を飲んで休憩室に寝そべっていた。三日目が来ると……十二時の休憩時間に相棒が、やって来て渡したパンを半分くれた。ちぎって食べたこのパンは、極度の空腹の為か、なんとも美味かった。

怪力の相棒もさすがに「俺はもうこれ以上二人分の仕事はやっていけない。事情を監督に相談してもかまわないか」というので勝又も同意する。監督に作業放棄の理由を説明すると「馬鹿なことをするものではない。いくらでも善処の方法はある」としてようやく重労働から解放され、坑外の氷割りや、民家の壁塗りに替えられたので、生き延びることができたのだった。
じつはシベリアのタングステン鉱山などの金属鉱山では「シベリア珪肺」という塵肺患者を多数出していたから、勝又も長く坑内作業を続ければ珪肺患者になるおそれがあったのである。

アリヤスキートヴィの日本人三名は、昭和二五年九月上旬にマガダンへ戻され、一〇月にハバロフスクに到着した。

勝又の場合は捨て身の絶食を選ぶことで、結果的にコルィマの地獄を生き延びることができたのだった。

こうして見てくると、コルィマの収容所での服役期間は、

山田四郎　九ヵ月
竹原潔　一年半
則本太郎　五年三ヵ月
佐藤正栄　四年九ヵ月
勝又勇　一年一ヵ月

則本太郎と佐藤正栄を除けば比較的短く、地獄の収容所から生還できたのは服役期間が短かったことが大きな要因だったと見られるが、決してそれだけでなく、絵描きや日本軍人としての誇り、親切な人との出遭い、捨て身の絶食など巧まざる契機にも助けられたのだといえよう。

終章
❄帰国と死亡者数

本書冒頭にも登場したハランスキーは、マガダンの抑留日本人の人数を次のように記している。

一九四五年一〇月末　　三九九八人
一九四七年一〇月　　第一次帰国、四五〇人
一九四九年七月　　三四七六人

昭和二二年一〇月の帰国者四五〇名は病弱者や高齢者であり、いわば厄介払いされた人たちである。四五〇人という数字は厚生省資料にも出てくるが、三〇〇人と証言する抑留者もあり、実数はどうなのか検証が必要である。

死亡者数は何人か

ハランスキーの数字が正しいとすると、単純計算で帰国者数は四五〇＋三四七六＝三九二六人で、当初の三九九八人からは七二人減となる。七二人を死亡者とすると、死亡率としてはか

なり低い。ハランスキーは、日本の厚生省が帰還者からの聞き取り調査で把握している一一四人という死亡者数を挙げて、バランス上「大陸」から追加移送された日本人が少なからずいたと推測しているが、日本側では数十人の受刑者を除いて、捕虜の追加移送の事実は確認されていない。

三上一次はマガダン市内の丘にある日本人墓地には、「葬られた日本人俘虜は帰国時の一九四九年一〇月現在で陸海軍合わせて、二〇〇名を数えていた」と記している（三上一次『1945～1949・マガダン』）。これはマガダン市だけの死者数だから、第八五五収容地区全体では二〇〇人を超えていたとみられる。マガダン市での死亡者数が多いのは、奥地の収容所の重病人がマガダン第一収容所の病棟に送り込まれたからである。これだけでも死亡者数を抑える効果があっただろう。

日本人の墓の「一基一基には、枠のあるものも無いものもあるが、土が盛られ、手前足元に当たるところに、高さ高さ一五センチ、幅四センチ角の木柱の頭部に故人名ではなく、番号だけを記入した木版をT字型に打ちつけたものが突き刺してあった」という。

筆者が村山名簿、厚労省のソ連抑留中死亡者名簿、赤間武史『マガダン強制収容所』所収の名簿をもとに「マガダン・コルィマにおける死亡者名簿」を作成してみたところ一五四名の名簿ができた。村山名簿の九七名より大幅に増えたのはロシアから提供された「北極建設公団死亡者名簿」（五四名）がじつはダーリストロイの死亡者名簿だったことが判明したからである。

へニカンジャなどコルィマ地方の死亡者三四名を除いた一二〇名を一応マガダン地区の死亡

者と見ることができる。このうちほぼ八割の漢字名が判明している。巻末に「マガダン・コルィマにおける死亡者名簿」を載せたので参照していただきたい。

この名簿からしても、マガダン収容地区の死亡者数について約二〇〇〇人と推測するのが妥当と考えられるが、第一次帰国者数四五〇人とともに今後の検証課題である。

全員帰国

昭和二二年一〇月の第一次帰国のあと、昭和二四年一〇月まで帰国はなかった。多くのマガダン抑留者は、みっちり四年間強制労働に服して帰国したのである。短期抑留者の最後の帰国は昭和二五年四月だから、それより半年早かったとはいえ、当初人員の九割近い日本兵がまとまって四年間抑留されたのは、やはり厳しい扱いだったといえよう。

昭和二四年九月二一日、三四〇〇人あまりの日本人を乗せたジュルマ号が、ナガエヴォ港からナホトカの第三八〇送還収容所へ向けて出港した。

ナホトカに着くと、「民主運動」の仕上げとして集会や歌と踊りなどが待っていた。マガダンからの帰国組はアルファベット順の名簿で二つに分けられ、前半組はほどなく帰国船に乗ったが、後半組は一ヵ月ほど近郊で作業させられてから帰国した。

マガダン抑留組ではないが、両足切断の憂き目にあって帰国した小沢道雄は、ナホトカから帰還船に乗るときの情景をきわめて印象的に書きとめている。

はたして我々の担架がタラップを登ってゆくと、デッキの入口に詰めかけた真白い白衣の看護婦たちが、手に手に日の丸の小旗を、ほんとにちぎれるように振っている。その姿が、顔がだんだん大きくみえてくると、

「ご苦労さま！」

「ご苦労さまでした！」

口々にかけてくれる声が、耳を破るほどに打つ。私の目にはもう抑えても抑えても、あとからあとから涙が流れ出していた。目の前に並ぶ顔はどれもこれも美しく、みずみずしく、まっ白い白衣の胸のあたりのふくらみが、目をそむけたくなるほどまぶしかった。

日本には、まだ美しい白衣の天使がいたのだ。大和撫子《やまとなでしこ》が残っていたのだ。日本人の心が生き残っていたのだ。

（小沢道雄『本日ただいま誕生』）

おそらく同じような光景があったに違いない。

前出の丹羽伝吉は夢中でタラップを駈け上がり、「これで本当にソ連とのお別れだ、辛かった事、苦しかった事、一人寂しく亡くなっていった戦友の事、そしてこの日の来るのを楽しみに頑張って、生き抜いた数々の思い出が、走馬灯のように脳裏をかすめて走り去って行く瞬間」を迎えたと記している（丹羽伝吉『苦しかった戦後シベリアの抑留生活』）。

占守島の戦いの戦士たちは、四年間の筆舌に尽くしがたい苦難のあと、ようやく祖国への帰還を果たしたのである。

あとがき

アレクサンドル・ソルジェニーツィンの記念碑的な名作『収容所群島』を読んで以来、私にとってコルィマ、マガダンは特別な関心を惹かれる地名でありつづけました。なぜならこの地名がソロフキ（ソロヴェツキー諸島）と並んでソ連の収容所《ラーゲリ》制度を象徴する存在だっただけでなく、コルィマと聞けば札つきのロシア・ヤクザでさえ怖れるラーゲリだったからです。

ソ連崩壊後にソ連の公文書館資料が公開され、マガダンに日本兵が四〇〇〇人送られたことが明らかになっても、それが占守島の戦いとすぐには結びつきませんでした。最後の地上戦、占守島の戦いそのものがほとんど知られていなかったからです。二〇〇八年に大野芳の歴史ノンフィクション『8月17日、ソ連軍上陸す　最果ての要衝・占守島攻防記』（新潮社）が、二〇一〇年に浅田次郎の小説『終わらざる夏』（集英社）が出て、ようやく占守島の戦いが広く知られるようになったのです。このころから私も占守島からマガダンに抑留された人の手記を集めて調べ始めました。しかし、マガダンについてもコルィマについてもロシア側の資料は限られていましたし、日本にも抑留者の手記以外に資料はありませんでした。

そんな中、ＮＨＫのＢＳ１スペシャル「女たちのシベリア抑留」のディレクター小柳ちひろさんから現地マガダンの取材で入手したセルゲイ・ハランスキーの写真文集《Крещенные

Адом（地獄の試練にさらされた人々）》（Ａ４サイズで約三〇〇頁）を見せられたことが本書を書くきっかけになりました。この写真文集をこころよく提供してくださった小柳さんには深く感謝いたします。

写真文集とは私の命名ですが、この本にはハランスキーが自分の足で歩いて写したコルィマ各地の収容所跡の生々しい写真とその解説だけでなく、ソ連の収容所制度に関する詳しい記述があったからです。文章だけでゆうに新書判の本ができるだけの分量があり研究書に値する内容でした。ハランスキーがみずから「地獄」と呼ぶコルィマを写真と文章で歴史にしっかり刻みたいという熱い志が伝わってくる本です。日本ではまったく知られていないコルィマ、マガダンの収容所の実態がよくわかりましたので、日本側の手記や体験談と合わせて日本兵四〇〇〇人の悲劇を総合的に描こうと心に期してできあがったのが本書です。

芙蓉書房出版の平澤公裕社長には本書の出版でお世話になりました。記して謝意を表します。

平成三〇年一〇月

長勢　了治

参考文献

大野芳『8月17日、ソ連軍上陸す』新潮社、二〇〇八年
上原卓『北海道を守った占守島の戦い』祥伝社新書、二〇一三年
相原秀起『一九四五　占守島の真実』ＰＨＰ新書、二〇一七年
セルゲイ・ハランスキー『地獄の試練にさらされた人々』拙訳、マガダン、二〇〇三年
長勢了治『シベリア抑留全史』原書房、二〇一三年
長勢了治『シベリア抑留　日本人はどんな目に遭ったのか』新潮選書、二〇一五年
ボリス・スラヴィンスキー『千島占領　一九四五年夏』加藤幸廣訳、共同通信社、一九九三年
中山隆志『一九四五年夏　最後の日ソ戦』国書刊行会、一九九五年
井澗裕「占守島・１９４５年８月」『境界研究』北大スラブ・ユーラシア研究センター、二〇一一年
「１９４５占守島の真実」『歴史街道』ＰＨＰ研究所、二〇一五年一二月号
セルゲイ・クズネツォーフ『シベリアの日本人捕虜たち』長勢了治訳、私家版、二〇〇〇年
米川正夫『鈍・根・才　米川正夫自伝』日本図書センター、一九九七年
アレクサンドル・ソルジェニーツィン『収容所群島』全六巻、木村浩訳、新潮文庫、一九七五年
藤村建雄『知られざる本土決戦　南樺太終戦史』潮書房光人新社、二〇一七年
坂本龍彦『シベリアの生と死』岩波書店、一九九三年
イリーナ・グリバーノヴァ『テニカ』二〇一三年（ロシア語）
ＮＨＫ・ＢＳ１スペシャル「女たちのシベリア抑留」二〇一四年

マガダン・コルィマ抑留記

三上一次『1945〜1949・マガダン』私家版、一九九四年
赤間武史『マガダン強制収容所――悲惨北千島守備隊』私家版、一九七三年
佐藤正榮『コリマ（北極圏）から生還した流刑囚C―104号』私家版、一九九四年
山田四郎『黒い雪――新シベリヤ物語』新世紀社、一九五六年
里見秀雄『マガダン、雑記』一〜三、手稿、一九九四〜一九九六年
川森正二『死線を越えた戦歴』手稿、一九九一年
矢吹三三『凍土(ツンドラ)の四年』占守通信隊18年後期会、一九八八年
石坂秀夫『オホーツク海を越えて――海軍・シベリア回想記』私家版、一九九八年
佐々木雄鳳『オホーツクの海――マガダン収容所の戦友達』私家版、一九八七年
長谷川吉茂編著『長谷川吉郎従軍記』講談社、一九九九年
重吉藤男『第二次世界大戦　北千島回想記』私家版、一九九二年
佐田岩雄『感謝に生きる――氷雪の千島・樺太抑留記』私家版、二〇〇七年
竹原潔「それはどんな生活だったか――十一年間に亘るソ連での抑留生活の記録」『いわれなき虜囚』第二十四号〜二十六号、二〇〇六〜二〇〇八年
川崎英太郎「故則本太郎氏の数奇な運命――辛苦十一年余のシベリア抑留メモについて」『いわれなき虜囚』第二十一号、二〇〇一年
長峰泰夫「太平洋戦争とマガダン抑留記録」『シベリア強制抑留者が語り継ぐ労苦』Ⅲ、全国強制抑留者協会、一九九三年
白土勝雄「マガダンまで連行されて」『捕虜体験記』Ⅳ、ソ連における日本人捕虜の生活体験を記録する会、一九八五年

滝田次郎「惨！ 極北コルィマの労働」『いわれなき虜囚』第十一号、シベリアを語る会、一九九一年
田崎久三郎「金鉱山『ドニエプラスキー』」『続 朔北の道草』朔北会、一九八五年
勝又勇「抑留並びに受刑生活の一端」『続 朔北の道草』朔北会、一九八五年
ヴラジーミル・ペトロフ『ソ連の金』一九四九年（邦訳『シベリアの果て』村石利夫訳、国際文化協会、一九五四年）
エヴゲーニヤ・ギンズブルグ『険しい行路』一九六七年（邦訳『明るい夜 暗い昼』中田甫訳、平凡社、一九七四年、一九八一年）
エリノア・リッパー『ソ連囚人収容所の一一年』一九五一年（邦訳『女囚への残酷な拷問――地獄のシベリア流刑地』河野嘉之訳、星雲社、一九八六年）
ヴァルラム・シャラーモフ『コルィマ物語』（邦訳『極北コルィマ物語』高木美菜子訳、朝日新聞社、一九九九年）
アナトーリー・ジグーリン＝ラエーフスキー『黒い石』（ロシア語、未邦訳）一九八八年

マガダン・コルィマにおける死亡者名簿

資料：村山常雄「基本総合名簿」、厚労省HP「ソ連抑留中死亡者名簿」、赤間武史『マガダン強制収容所』
⦿印は埋葬場所で、「ダーリストロイ」はマガダン第855収容地区の各収容所と解される

連番	推定氏名	当初発表氏名	漢字氏名	生年	階級	死亡年月日	出身	備考	終戦時年齢
	⦿マガダン								
1	アキヤマ・ヨネサブロウ	アキヤマ・ヨニサブロウ	秋山　米三郎	1897		1947/2/14	北海道		48
2	アンドウ・エイゾウ	アイド(ダ)・エイゾ	安藤　永三	1919		1949/7/19	鳥取		26
3	イマイ・カズヨシ	イマン・カズヨシ	今井　和儀			1947/12/19	群馬		
4	キタムラ・カメイチ	キタムラ・カメイチ	北村　亀一	1908		1949/9/8	北海道		37
5	サトウ・サゴロウ	サト・サゴロ	佐藤　佐五郎		兵長	1946/4/18	多度志	第1収容所	
6	サトウ・トミジ	サト・トミチ	佐藤　富治	1924		1949/12/15	宮城		21
7	サルタ・タツジ	サルタ・テツジ	猿田　達児	1923		1949/7/15	千葉		22
8	スズキ・ケイノスケ	スズキ・キエノスケ	鈴木　啓之助	1921		1949/8/2	千葉		24
9	タケガタ・カツイチ	タケガタ・カツイチ	竹形　勝一		上等兵	1948/10/30	旭川	第1収容所	
10	ツカベ・ツネエ	ツカベ・ツネエ		1914		1949/12/31			31
11	ツダ・ヨシテル	ツダ・ヨシテル	津田　義輝		伍長	1948/5/11	富良野	第1収容所	
12	ナラ・ショウイチ	ナラ・セクチ	奈良　正一	1911		1947/11/1			34
13	ハヤサカ・ヒサシ	ハヤサカ・ヒサシ	早坂　久		上等兵	1947/12/19	滝川	第1収容所	
14	フジヤ・エイスケ	フジヤ・エイスケ	藤谷　英助		上等兵	1947/4/16	稚内	第1収容所	
15	ワタナベ・トモノリ	ワタナベ・タマノ(ナ)リ	渡部　友範	1907	上等兵	1949/9/8	北海道	網走	38
	⦿ダーリストロイ								
16	アオキ・テツジ	アオキ・タツジ	青木　鐵治			1946/4/5	静岡		
17	イガラシ・テツオ	イガラシ・テツオ	五十嵐　徹夫	1920	兵長	1947/10/22	北海道	美唄	25
18	イケダ・ブンゾウ	イケダ・ブンゾ	池田　文三			1946/3/25	東京		
19	イシカワ・ワタル	イシカワ・ワタル	石河　渡			1946/2/18	愛知		
20	イセキ・タネアキ	イセキ・タネアキ	井関　胤明			1946/2/11	大阪		
21	イチカワ・キノサク	イチカワ・キノサク	市川　喜之作	1911		1947/4/20	東京都		34
22	イツト・ヒデオ	イツト・ヒデオ		1923		1947/5/4			22
23	イトウ・フモト	イト・フモ(マ)ト(タ)	伊藤　麓	1918		1947/4/7	北海道	網走	27
24	イリウダ・セイノシン	イリウダ・セイノシン	入宇田　清之進			1946/5/8	北海道		
25	インバ・マサオ	インバ・マサオ	印旛　政雄	1915	兵長	1945/12/12	北海道	旭川	30
26	ウチダ・トメキチ	ウチダ・トメキチ	内田　留吉		兵長	1946/3/9	函館	第1収容所	
27	ウリュウ・ワイチ	ウリュ・ワイチ	瓜生　和市		上等兵	1946/2/28	旭川	第1収容所	
28	エンドウ・シュヘイ	エンド・シュヘイ							
29	オオモリ・ヒロシ	オモリ・ヒロシ	大森　弘			1946/4/	岡山		
30	オオヤ・ヨシカズ	オオヤ・ヨシカズ		1912		1947/2/27			33
31	オノデラ・ヨシオ	オノデラ・ヨシオ	小野寺　由雄			1946/7/21	岩手		
32	カイホウ・リュウジ	カイホ・リュジ	海寶　隆次			1946/3/1	千葉		
33	カタヤマ・ジュンイチ	カタヤマ・ジュンイチ	片山　順一			1946/3/25	岡山		
34	カワサキ・シンスケ	カワサキ・シンスケ							
35	カワハラ・ブンキチ	カワハラ・ブンキチ	川原　文吉			1946/1/20	北海道		
36	カワラバヤシ・ソウイチ	カワハラバヤシ・ソイチ	川原林　宗一			1946/2/15	滋賀		
37	キチカワ・フクエモン	キチカワ・フクエモン	吉川　福右衛門			1946/2/16	岩手		
38	キヨモト・ジュンジ	キヨモト・ジュンジ							
39	クボタ・エイキチ	クボタ・エイキチ	久保田　栄吉	1921	兵長	194?/8/23	北海道	函館	24
40	クリハラ・クハチロウ	クリハラ・クハジロ	栗原　九八郎			1946/2/22	北海道		
41	コニオ・カイキチ	コニオ・カイエキチ		1911		1947/3/22			34
42	コモリ・サブロウ	コモリ・サブロ	小森　三郎			1946/2/5	北海道		
43	サイトウ・ヘイジ	サイト・ヘイジ	齋藤　平次			1946/4/18	青森		
44	サイトウ・ヨシオ	サイト・ヨシオ	齋藤　義雄			1946/3/27	北海道		
45	サカ・マモル	サカ・マモル	坂　　衛			1945/12/22	茨城		
46	サクラザワ・ヒサマツ	サクラザワ・ヒサマツ	櫻澤　壽松				東京都		
47	ササキ・ヒロシ	ササキ・ヒロシ				1946/6/18	青森		
48	サト・サブロ	サト・サブロ							
49	サトウ・キイチ	サト・キイチ	佐藤　喜一				北海道		
50	シアク・サナエ	シナク・サナエ	塩飽　早苗			1946/12/30	岡山		
51	スガワラ・セイジロウ	スガワラ・セジロ	菅原　正次郎				秋田		
52	スケガワ・ヨイチロウ	オケガワ・エイチロ	祐川　與一郎			1946/8/15	北海道		
53	スズキ・サゴ	スズキ・サゴ							
54	スズキ・ヤスタカ	スズキ・ヤスタカ	鈴木　泰孝		軍曹	1946/1/2	音更	第1収容所	

連番	推定氏名	当初発表氏名	漢字氏名	生年	階級	死亡年月日	出身	備考	終戦時年齢
55	ｽｽﾞｷ･ﾖｳｲﾁ	ｽｽﾞｷ･ｴｲﾁ	鈴木　要一			1946/8/1	北海道		
56	ｽﾀﾞ･ﾄｼｵ	ｽﾀﾞ･ﾄｼｵ	須田　利雄			1947/4/15	北海道	函館	
57	ｽﾊﾗ･ｷｭｳｲﾁ	ｽﾊﾗ･ｷｭｲﾁ	須原　久市				岡山		
58	ｾｵ･ﾁﾖｼﾞ	ｾｵ･ﾁｴｼﾞ	妹尾　千輿治			1946/2/22	北海道		
59	ｾｷｸﾞﾁ･ﾄｷｵ	ｾｷｸﾞﾁ･ﾀｹｵ	関口　時男			1946/4/	千葉		
60	ﾀｶｷﾞ･ｷﾖｼ	ﾀｶｷﾞ･ｷﾖｼ							
61	ﾀｶｻｶ･ﾄﾒｿﾞｳ	ﾀｶｻｶ･ﾄﾒｿﾞｳ	高坂　留蔵	1905	上等兵	1948/2/7	北海道	北海道	40
62	ﾀｶﾂ･ﾐﾉﾙ	ﾀﾅﾂ･ﾐﾉﾙ	高津　實	1914		1947/5/12	岡山		31
63	ﾀｹﾀﾞ･ﾏｻｷﾁ	ﾀｹﾀﾞ･ﾏｻｷﾁ	武田　政吉	1911		1947/4/7	北海道		34
64	ﾀﾙｲ･ｻﾄｼ	ﾀﾙｲ･ｻﾄｼ	垂井　昶			1946/2/18	岡山		
65	ﾁｸｾﾞﾝ･ﾔﾀﾛｳ	ﾁｸｾﾞﾝ･ﾔﾀﾛｳ	筑前　弥太郎	1912	兵長	1947/2/28	北海道	函館	33
66	ﾄﾏﾍﾞﾁ･ｴｲｿﾞｳ	ﾄ(ﾀ)ﾏﾍﾞ･ﾁｴｲｿﾞ	苫米地　栄三	1917		1947/11/27	北海道	門別	28
67	ﾅｶﾑﾗ･ｻﾝﾉｽｹ	ﾅｶﾑﾗ･ｻｲﾉｽｹ	中村　三之助			1946/6/22	長野		
68	ﾅﾗ･ｹｲｿﾞｳ	ﾅﾗ･ｹｲｿﾞｳ		1918		1947/11/5			27
69	ﾆｼｵ･ﾀﾞｲｼﾛｳ	ﾆｼｵ･ﾀｲｼﾛ	西尾　大四郎		上等兵	1945/1/28	函館	第1収容所	
70	ﾊﾀﾔﾏ･ｾｴﾓﾝ	ﾊﾀﾔﾏ･ｾｴﾓﾝ	畑山　正エ門			1946/7/	岩手		
71	ﾊﾝﾀﾞ･ﾖｼｴ	ﾎﾝﾀﾞ･ﾖｼｵ	半田　善衛				岡山		
72	ﾋﾗｵｶ･ｽｹﾄﾓ	ﾋﾗｵｶ･ｽｶﾄｺ	平岡　佐朝			1946/2/12	長野		
73	ﾌｼﾞｲ･ｷﾖｼ	ﾌｼﾞｲ･ｷﾖｼ	藤井　喜義	1919		1947/11/18	広島		26
74	ﾌｼﾞｶﾜ･ｲｻﾐ	ﾌｼﾞｶﾜ･ｲｻﾑ	藤川　勇美	1915		1947/8/19	香川		30
75	ﾌｼﾞﾓﾘ･ﾕｳｻｸ	ﾌｼﾞﾓﾘ･ﾕｳｻｸ	藤森　勇作	1915	兵長	1946/4/23	北海道	滝川	30
76	ﾌｼﾞﾔ･ｴｲｽｹ	ﾌｼﾞﾔ･ｴｲｽｹ	藤谷　英助			1947/4/16	北海道		
77	ﾌｼﾞﾔ･ﾘﾝｻｸ	ﾌｼﾞﾔ･ﾘﾝｻｸ		1919		1947/8/5			26
78	ﾌﾙｶﾜ･ﾊﾙｷﾁ	ﾌﾙｶﾜ･ﾊﾙｷﾁ	古川　春吉			1946/2/7	千葉		
79	ﾏﾂﾀﾞ･ｻﾀﾞｲﾁ	ﾏﾂﾀﾞ･ｻﾀﾞｲﾁ	松田　定一			1946/1/10	岡山		
80	ﾏﾂﾓﾄ･ｱｷｵ	ﾏﾂﾓﾄ･ｱｷｵ	松本　秋雄			1946/3/5	香川		
81	ﾏﾙﾔ･ﾋﾛｼ	ﾏﾙﾔ･ﾋﾛｼ	丸谷　浩	1912	伍長	1946/3/15	旭川	第3収容所	33
82	ﾐﾅﾐ･ｼｹﾞﾀﾛｳ	ﾐﾅﾐ･ｼｹﾞﾀﾛ	南　繁次郎		上等兵	1945/12/17	札幌	第3収容所	
83	ﾐﾔｻﾞｷ･ﾀｸｼﾞ	ﾐﾔｻﾞｷ･ﾀｸｼﾞ	宮崎　卓治			1946/1/20	岡山		
84	ﾐﾔﾓﾄ･ｽﾄﾞｳ	ﾐﾔﾓﾄ･ｽﾄﾞ		1918		1947/5/12			27
85	ﾐﾔﾓﾄ･ﾜｻｸ	ﾐﾔﾓﾄ･ﾜｻｸ	宮本　和作	1913		1947/5/16	岡山		32
86	ﾑﾔ･ｶｽﾞﾐ	ﾑﾔ･ｶｽﾞﾐ	撫養　数美	1904		1947/10/27	北海道	紋別	41
87	ﾔｷﾞﾇﾏ･ｼｭﾝｲﾁ	ﾔｷﾞﾇﾏ･ｼｭﾝｲﾁ	柳沼　春一				福島		
88	ﾔﾅｷﾞﾓﾄ･ｻﾀｵ	ﾔﾅｷﾞﾓﾄ･ｻﾀﾛｳ	柳本　左太雄	1919	准尉	1947/3/10	北海道	剣渕	26
89	ﾔﾏｳﾁ･ｷﾖｼｹﾞ	ﾔﾏｳﾁ･ｷﾖｼｹﾞ	山内　清繁	1922		1946/2/9	千葉		23
90	ﾜﾀﾅﾍﾞ･ﾋﾛｼﾞ	ﾜﾀﾅﾍﾞ･ｷﾛｼﾞ	渡辺　広治		上等兵	1945/11/28	青森	第1収容所	
	⊙ヘニカンジャ								
91	ｱｻﾉ･ﾏﾂｻﾌﾞﾛｳ	ｱｻﾉ･ﾏﾂｻﾌﾞﾛｳ	浅野松三郎	1897		1947/4/1	香川		48
92	ｲｽﾞﾐﾔﾏ･ﾖｼｵ	ｲｽﾞﾐﾔﾏ･ﾉｼｵ	泉山　儀男	1926		1947/6/29	岩手		19
93	ｳﾁﾀﾞ･ｹｲｷﾁ	ｳﾁﾀﾞ･ｶｲｷﾁ	内田　慶吉	1914		1947/6/28	北海道		31
94	ｶｷｻﾞﾜ･ﾌｼﾞﾛｳ	ｶｷｻﾞﾜ･ﾌｼﾞﾛ		1912		1947/5/9			33
95	ｶﾜｲ･ｺｳｽｹ	ｶﾜｲ･ｺｵｽｹ	川合　幸助	1916		1947/6/5	山形		29
96	ｽｷﾞﾓﾄ･ｷﾖﾐﾁ	ｽｷﾞﾓﾄ･ｷｵﾐﾁ	杉本　清通	1903		1947/5/22	北海道		42
97	ｾﾘｻﾞﾜ･ｷﾐｵ	ｾﾘｻﾞﾜ･ｹﾆｵ	芹沢　君雄	1910		1947/6/15			35
98	ﾔﾏﾓﾄ･ﾃﾂﾐ	ﾔｸﾓﾄ･ﾃﾂﾐ	山本　鉄美	1909		1947/6/1	福島		36
99	ｱｲﾊﾗ･ｼﾛｸ	ｱｲﾊﾗ･ｼｾｸ	相原　四六	1912		1948/7/3	広島		33
100	ｵｵｷ･ﾀｹｵ	ｵｵｷ･ﾀｹｵ	大木　武雄	1915		1947/9/18	北海道		30
101	ｵｵｷ･ﾃｲｼﾞﾛｳ	ｵｵｷ･ﾃｼﾞﾛ		1907		1948/12/29			38
102	ｵｵﾀｶ･ﾄﾗｷﾁ	ｵｵﾀｶ･ｸﾗｷﾁ	大高　寅吉	1897		1948/1/6	秋田		48
103	ｵｶｻﾞｷ･ﾏｻｶｽﾞ	ｵｶｻﾞｷ･ﾏｻｷｽﾞ		1910		1948/1/13			35
104	ｻｶﾓﾄ･ﾄﾓﾉｼﾞｮｳ	ｻｶﾓﾄ･ﾀﾓﾉｼﾞ	坂本　友之亟	1904		1949/3/20	北海道		41
105	ｼﾝﾎﾟ･ﾋﾃﾞｷﾁ	ｼﾑﾛ･ﾋﾃﾞｷﾁ	新保　秀吉	1911		1947/7/13	北海道		34
106	ｾｲｼﾞｮｳ･ｶｽﾞｴｲ	ｾｲｼﾞ･ｶｽﾞｵ	聖城　数榮	1912		1947/8/1	静岡		33
107	ﾀｶﾀﾞ･ｽｽﾑ	ﾀｶﾀﾞ･ｽｽﾑ	高田　進	1922		1947/7/11	富山		23
108	ﾀｶﾊｼ･ｷﾝｼﾞ	ﾀｶﾊｼ･ｷﾝｼﾞ	高橋　金治	1918		1948/6/12	宮城		27
109	ﾋｼﾑﾗ･ﾀｶｼ	ﾋｼﾑﾗ･ﾀｶｼ		1925		1948/6/25			20
110	ﾐｶﾜ･ﾕｳﾀﾛｳ	ﾐｶﾜ･ﾕｳﾀﾛｳ	三河　勇太郎	1902		1947/8/14	岩手		43
111	ﾔﾏｸﾞﾁ･ﾖｼｶｽﾞ	ﾔﾏｸﾞﾁ･ｺｼｶｽﾞ	山口　由一	1915		1948/5/11			30
112	ﾔﾏｻﾞｷ･ｷﾁｼﾞﾛｳ	ﾔﾏｻﾞｷ･ｷﾁｼﾞﾛ	山崎　吉次郎	1907		1948/6/14	北海道		38
113	ﾔﾏﾀﾞ･ﾖｼﾀﾛｳ	ﾔﾏﾀﾞ･ｲｼﾀﾛ	山田　由太郎	1914		1947/10/22	北海道		31

連番	推定氏名	当初発表氏名	漢字氏名	生年	階級	死亡年月日	出身	備考	終戦時年齢
	⦿ススマン								
114	カトウ・レンイチ	カトウ・レンイチ	加藤　連一	1910		1948/2/11			35
115	ササベ・イサム	ササペ・イサム	笹部　勇	1919		1947/2/4		北東収容所	26
	⦿ノーヴィ								
116	ヤスタケ・カンジロウ	ヤスタケ・カンスロ	安武　勘次郎	1906		1947/8/31			39
	⦿ドゥスカーニエ								
117	コシノ・チカラ	コシノ・チカラ	寒野　力	1927		1947/7/8	神奈川		18
	⦿デビン								
118	コヤマ・キンノスケ	コヤマ・ケネスケ	小山　金之助	1895		1947/8/8			50
119	サダナリ・ヨシノ	サダナリ・ヨシノ	定成　義雄	1902		1947/9/8	北海道		43
120	ゼンイリコ・ヒサシ	ゼンイリコ・ヒサシ		1914		1947/10/28			31
	⦿バラガンノエ								
121	スミタ・カゲヤス	スミタ・カケヤス	住田　景保	1921	少佐	1947/4/14			24
	⦿テニカ								
122	ヤハギ・ヒサシ	ヤハギ・ヒサシ	矢萩　久	1905		1947/4/2		北東収容所	40
	⦿アリャスキートヴィ								
123	サイトウ・マサヨシ	サイトオ・マサヨシ		1915		1949/5/31			30
	⦿ハトィナフ								
124	ナラ・シンジ	ナラ・シンジ	奈良　眞次	1906	軍属	1949/2/6	埼玉	北東収容所	39
	⦿不明								
125	イトウ・クマト	イトウ・クマト				1947/4/7			
126	イトウ・ヒデオ	イトウ・ヒデオ	伊藤　秀雄	1923	兵長	1946/5/4	北海道	古平	22
127	イトウ・ロク	イトウ・ロク		1918	兵長	1947/4/7			27
128	イワタ・ソウキチ	イワタ・ソキチ		1917	民間人	1947/11/10		北東収容所	28
129	オオヤ・ヒロシ	オオヤ・ヒロシ	大矢　大	1920	下士官	1948/9/20	北海道	浦河	25
130	キタジマ・ゲンイチ	キタジマ・ゲンイチ	北島　玄一	1918	曹長	1948/11/12	北海道		27
131	グイド・サダゴロウ	グイド・サダゴロ		1918	兵長	1949/3/1			27
132	コンノ・カネキチ	コンノ・カネキチ		1911		1947/3/22			34
133	サイトウ・スエキチ	サイトウ・スエキチ	斎藤　末吉	1920	兵長	1948/12/16	北海道	小樽	25
134	スガワラ・キチゴロウ	スガワラ・キチゴロウ	菅原　吉五郎	1915		1947/5/15	宮城		30
135	スズキ・マスヤ	スズキ・マスヤ	鈴木　増哉	1918	准尉	1947/4/4	北海道	亀田	27
136	スズキ・ヨウイチ	スズキ・ヨウイチ	鈴木　要一	1906	上等兵	1946/8/1	北海道	歌志内	39
137	ストウ・リョウイチ	ストウ・リョウイチ	須藤　良一	1918	准尉	1947/5/12	北海道	小樽	27
138	タカサカ・ミノル	タカサカ・ミノル	高坂　実	1919	兵長	1949/9/7	北海道	札幌	26
139	タカシマ・ケイゾウ	タカシマ・ケイゾウ	高島　敬三	1917	兵長	1946/12/2			28
140	タキカワ・セイイチ	タキカワ・セイイチ		1897		1948/8/20			48
141	タケガタ・カズノリ	タケガ(ハ)タ・カズノリ	竹形　友範	1908	兵長	1948/10/30	北海道	網走	37
142	タダキ・ノリユキ	タダキ・ノリユキ	只木　慶運	1910	上等兵	1949/4/6	東京		35
143	ダイドウ・サダゴロウ	ダンドウ・サダゴロウ	大道定五郎	1918	上等兵	1949/3/1	北海道		27
144	ツダ・コウイチ	ツ(チ)ダ・コオイチ		1921		1949/11/1			24
145	トコサカ・ミノル	トコオサカ・ミノル		1921		1949/11/1			24
146	ナガタ・マサオ	ナガタ・マサオ	長田政雄	1909		1947/7/12	北海道	紋別	36
147	ニシザワ・ケイスケ	ニシザワ・ケイスケ		1919	兵長	1948/12/7			26
148	ハセガワ・タダシ	ハセガワ・タダシ	長谷川　但	1920	上等兵	1949/6/12	北海道		25
149	バデン・タダシ	バデン・タダシ		1919	下士官	1948/9/20			26
150	ホソガイ・ギイチ	ホソガイ・ギイチ		1923	兵	1948/9/12			22
151	ミヤモト・シロウ	ミヤモト・シロウ	宮本　四郎	1914	兵	1948/7/5	千葉		31
152	ミヤモト・ヒデオ	ミヤモト・ヒデオ	宮本　秀雄	1918	兵長	1948/1/2	北海道	登別	27
153	ヤモト・カツオミ	ヤモト・カミ(ツ)オミ	矢本　勝臣	1920	兵長	1948/12/7	北海道		25
154	ワタナベ・タモツ	ワタナベ・タモツ	渡邉　保	1912	上等兵	1948/10/19	千葉		33

著者
長勢 了治（ながせ りょうじ）
1949年北海道美瑛町生まれ。北海道大学法学部卒業後、三菱ガス化学入社。退職後、ロシア極東大学函館校でロシア語を学ぶ。以後、シベリア抑留問題を研究。
著書に『シベリア抑留全史』（原書房、2013年）、『シベリア抑留』（新潮選書、2015年）、『シベリア抑留関係資料集成』（富田武氏との共編、みすず書房、2017年）がある。

知《し》られざるシベリア抑留《よくりゅう》の悲劇《ひげき》
——占守島の戦士たちはどこへ連れていかれたのか——

2018年11月20日　第1刷発行
2020年 2月 5日　第2刷発行

著者
長勢《ながせ》 了治《りょうじ》

発行所
㈱芙蓉書房出版
（代表 平澤公裕）
〒113-0033東京都文京区本郷3-3-13
TEL 03-3813-4466　FAX 03-3813-4615
http://www.fuyoshobo.co.jp

印刷・製本／モリモト印刷

ISBN978-4-8295-0747-6

【芙蓉書房出版の本】

誰が一木支隊を全滅させたのか
ガダルカナル戦と大本営の迷走

関口高史著　本体 2,000円

わずか900名で１万人以上の米軍に挑み全滅したガダルカナル島奪回作戦。この無謀な作戦の責任を全て一木支隊長に押しつけたのは誰か？　一木支隊の生還者、一木自身の言葉、長女の回想、軍中央部や司令部参謀などの証言をはじめ、公刊戦史、回想録、未刊行資料などを読み解き、従来の「定説」を覆すノンフィクション。

スターリンの原爆開発と戦後世界
ベルリン封鎖と朝鮮戦争の真実

本多巍耀著　本体 2,700円

ソ連が原爆完成に向かって悪戦苦闘したプロセスをKGBスパイたちが証言。戦後の冷戦の山場であるベルリン封鎖と朝鮮戦争に焦点を絞り東西陣営の内幕を描く。スターリン、ルーズベルト、トルーマン、金日成、李承晩、毛沢東、周恩来などキーマンの回想録、書簡などを駆使したノンフィクション。

極東の隣人ロシアの本質
信ずるに足る国なのか？

佐藤守男著　本体 1,700円

リュシコフ亡命事件、張鼓峯事件、葛根廟事件、三船殉難事件、大韓航空機007便撃墜事件。1930年代からの日本とソ連・ロシアの間で起こったさまざまな事件の分析を通して、ロシアという国の本質に迫る。

スマラン慰安所事件の真実

ＢＣ級戦犯岡田慶治の獄中手記　　田中秀雄編　本体 2,300円

「強制性」があったのかを考え直す手がかりとなる貴重な資料。日本軍占領中の蘭領東印度(現インドネシア)でオランダ人女性35人をジャワ島スマランの慰安所に強制連行し強制売春、強姦したとされる事件で、唯一死刑となった岡田慶治少佐が書き遺した獄中手記。岡田の遺書、詳細な解説も収録。

尖閣諸島問題と隠された真実

米国の本音は「中立」　　三浦和彦著　本体 2,300円

「尖閣有事」での日米安保適用はあてにできない！　日中関係より“日米関係”に重点を置いて尖閣諸島問題の本質を考える。沖縄返還交渉の際のニクソン、キッシンジャーの動きを克明に追い、日本人が知らない米国の対東アジア外交政策を解明する。

ソロモンに散った聯合艦隊参謀

伝説の海軍軍人樋端久利雄　　髙嶋博視著　本体 2,200円

山本五十六長官の前線視察に同行し戦死した樋端久利雄（といばなくりお）は“昭和の秋山真之”“帝国海軍の至宝”と言われた伝説の海軍士官。これまでほとんど知られていなかった樋端久利雄の事蹟を長年にわたり調べ続けた元海将がまとめ上げた鎮魂の書。

米海軍から見た太平洋戦争情報戦

ハワイ無線暗号解読機関長と太平洋艦隊情報参謀の活躍

谷光太郎著　本体 1,800円

ミッドウエー海戦で日本海軍敗戦の端緒を作ったハワイの無線暗号解読機関長ロシュフォート中佐、ニミッツ太平洋艦隊長官を支えた情報参謀レイトンの二人の「日本通」軍人を軸に、日本人には知られていない米国海軍情報機関の実像を生々しく描く。